그림으로 읽는🔍

잠 못들 정도로 재미있는 이야기

KB144648

해부학

사카이 다쓰오 감수 | **윤관현** 감역 | **이영란** 옮김

BM (주)도서출판 **성안당**

우리가 일상생활 속에서 가장 많이 사용하고, 무엇보다 소중한 것은 바로 몸일 것이다. 가장 가까이에 있고 가장 소중한 데도 우리는 몸에 대해 잘 모르고 있고 신비한 것들로 가득 차 있다는 것을 깨닫지 못한다.

사실 의학 전문가도 최첨단 연구를 통해 새로운 것이 발견될 때마다 놀라곤 한다. 근래의 코로나19처럼 새로 등장한 바이러스에 인체가 어떻게 반응하여 병을 일으키는지에 대해서도 아직 모르는 것이 너무 많다.

2020년부터 겪고 있는 코로나바이러스감염증-19만 봐도 우리가 얼마나 의학과 의료에 의지하고 있는지를 절실히 느끼고 있을 것이다. 여러분 중에는 앞으로 의학이나 의료 분야에 종사하고 싶은 사람도 있을 것이다. 의학과 의료를 배우는 사람들은 가장 먼저 '해부학'으로 인체의 구조에 대해 배우게 된다. 인체의 구조는 매우 복잡하며 인체의 모든 작은 부분에도 이름이 붙어 있어 어렵게 느끼는 사람이 많다.

나는 오랫동안 의대생과 의료 관련 학생들에게 해부학을 가르치면서 인체가 매우 신비하고 재미있다는 것을 전하려고 힘써 왔다. 내 수업을 듣는 학생들은 해부학을 매우 재미있게 배우고 있으며 내가 쓴 해부학 교과서도 많은 학생이 사용하고 있다.

최근에는 일반인을 대상으로 한 인체와 해부학 책을 몇 권 집필하면서 의료 관계 직종과 관련이 없는 사람들도 해부학에 많은 관심을 갖고 있는 것을 느꼈다. 특히 건강에 관심이 많은 사람에게 웨이트 트레이닝이 인기를 끌면서 일부 근육이나 뼈가 상당히 유명해졌다.

이 책은 인체의 해부학에 대해 정말 재미있는 이야기만을 선별하여 소개하고 있으며, 이야기에 걸맞은 재미있는 일러스트도 많이 포함되어 있다.

해부학이 너무 재미있어서 잠을 잘 수 없더라도 용서하기 바란다.

2021년 5월
감수자
사카이 다쓰오

머리말 2

제1장

인체의 조직과 구조에 관한 수수께끼 7

01_사람의 뼈는 전부 몇 개일까? 8

02_인체에는 관절이 몇 개 있을까? 10

03_사람이 진화한 것은 손발 덕분이다? 12

04_근육은 전부 몇 개 있을까? 14

05_스모 선수가 어깨 결림이 적은 이유는? 16

06_사람의 머리카락은 몇 개일까? 18

07_나이를 먹으면 주름이 느는 이유는 무엇일까? 20

08_손톱에 가끔씩 생기는 흰 점은 무슨 신호일까? 22

09_순간적으로 몸이 적절한 행동을 취하는 이유는 무엇일까? 24

10_무릎을 꿇고 앉으면 발이 저리는 이유는 무엇일까? 26

11_혈관의 길이는 얼마나 될까? 28

12_림프액은 어떤 역할을 할까? 30

13_인체는 전부 세포로 되어 있다는데 정말일까? 32

해부학의 역사 ❶ | 근대에 새로워진 해부학 연구법 34

제2장

호흡과 순환에 관한 수수께끼 35

14_허파는 어떻게 산소를 들이마실까? 36

15_허파에는 스스로 부풀리는 능력이 없을까? 38

16_여자와 남자는 호흡법이 다르다던데 정말일까? 40

17_심장은 하루에 몇 번이나 움직일까? 42

18_박동은 왼쪽 가슴에서 느끼니까 심장은 왼쪽에 있는 게 아닐까? 44

19_저혈압과 고혈압은 무엇을 의미할까? 46

20_혈액형은 어떻게 감별하는 걸까? 48

21_지라는 잘라 내도 괜찮다는데 정말일까? 50

해부학의 역사 ❷ | 고대의 권위와 결별한 해부학 52

제3장

소화와 호흡에 관한 수수께끼 53

22_왜 음식물이 목에 걸릴까? 54

23_위에 들어갈 수 있는 양은 얼마나 될까? 56

24_트림은 왜 나오는 걸까? 58

25_작은창자의 길이는 얼마나 될까? 60

26_음식물이 소화·흡수되는 데 걸리는 시간은 얼마일까? 62

27_장은 '모양이 자유자재'라던데 그 이유는 뭘까? 64

28_잘 때 변이 새지 않는 이유는 뭘까? 66

29_간은 어떤 역할을 할까? 68

30_이자는 왜 오장육부에 안 들어갈까? 70

31_쓸개즙은 어떻게 작용할까? 72

32_콩팥은 왜 2개일까? 74

33_때때로 소변 색이 바뀌는 이유는 뭘까? 76

34_방광의 용량은 얼마나 될까? 78

해부학의 역사 ❸ | 현미경을 얻은 새로운 해부학 80

제4장

마음과 감각에 관한 수수께끼 81

35_뇌는 어떻게 정보를 주고받을까? 82

36_촉감이나 열… 피부는 무엇을 느끼는 걸까? 84

37_스트레스는 왜 좋지 않을까? 86

38_슬프거나 기쁠 때 왜 눈물이 날까? 88

39_오랜 시간 스마트폰을 보고 있으면 앞이 흐려지는 이유는? 90

40_시력이 나빠지는 원리는 뭘까? 92

41_귀는 어떻게 소리를 느낄까? 94

42_사람은 얼마나 큰 소리까지 견딜 수 있을까? 96

43_몸은 어떻게 균형을 잡는 걸까? 98

44_혀는 어떻게 맛을 느낄까? 100

45_콧구멍은 어디로 연결되어 있을까? 102

46_코를 막으면 맛을 못 느끼는 이유는? 104

해부학의 역사 ❹ | 신의 능력을 의심하기 시작한 해부학 106

제 5장

남녀와 생식에 관한 수수께끼 107

47_남자와 여자는 골반 모양이 다르다던데 정말일까? 108

48_태아의 성별은 어떤 원리로 정해질까? 110

49_남성 호르몬과 여성 호르몬은 어떻게 다를까? 112

50_정자는 왜 많이 만들어질까? 114

51_정자를 만드는 고환이 몸 밖에 있는 이유는? 116

52_난자는 어떻게 만들어질까? 118

53_자궁의 크기는 어느 정도일까? 120

54_어른이 되어도 가슴이 커질까? 122

55_모유가 나오는 원리는? 124

해부학의 역사 ❺ | 근대 일본에서의 해부학 수용 126

해부학의 역사 ❻ | 개체의 특징도 이해할 수 있는 현대 해부학 127

제 1 장

인체의 조직과 구조에 관한
수수께끼

01 사람의 뼈는 전부 몇 개일까?

아기는 300개 정도, 어른은 200개 정도이다

+ 성인의 뼈 개수에는 개인차가 있다

성인의 몸에는 약 200개 정도의 뼈가 있다. 아이들은 어른보다 뼈의 개수가 많은데, 갓 태어난 아기는 연골을 포함하면 300개 정도가 있다.

어른이 되면 뼈의 개수가 줄어드는 이유는 몸이 커짐에 따라 뼈와 뼈 사이의 틈이 연결되어 몇 개의 뼈가 하나의 뼈로 바뀌기 때문이다. 뼈가 이어지는 형태는 사람마다 개인차가 있지만 성인이 되었을 때 뼈의 개수는 206개가 표준이라고 한다.

+ 사람의 몸을 지지하고 중요한 부분을 보호하는 역할을 한다

200여 개의 뼈는 복잡하게 얽히고 연결되어 골격을 형성한다. 골격은 다양한 크기와 형태의 뼈로 이루어져 있으며 연골도 골격의 일부를 구성하고 있다. 사람의 몸에서 가장 크고 강한 뼈는 넓적다리 부분에 있는 '넙다리뼈'이다. 이와 반대로 가장 작은 뼈는 귀 속에 3개 있는 귓속뼈(95쪽 참조)라는 뼈로, 소리를 듣기 위해 복잡한 형태를 띠고 있다.

뼈의 가장 큰 역할은 두 가지이다. 첫 번째 역할은 사람의 몸을 지지하는 것으로, 뼈가 없으면 설 수 없고 뼈를 잇는 관절이 없으면 몸을 구부리거나 펴거나 움직이는 동작을 전혀 할 수 없다. 또 다른 역할은 사람 몸에서 중요한 부분을 보호하는 것이다. 단단하고 튼튼한 머리뼈는 뇌를 단단히 보호하고 있으며 갈비뼈는 새장과 같은 구조로 되어 있어 심장, 허파와 같은 주요 장기를 감싸고 있다.

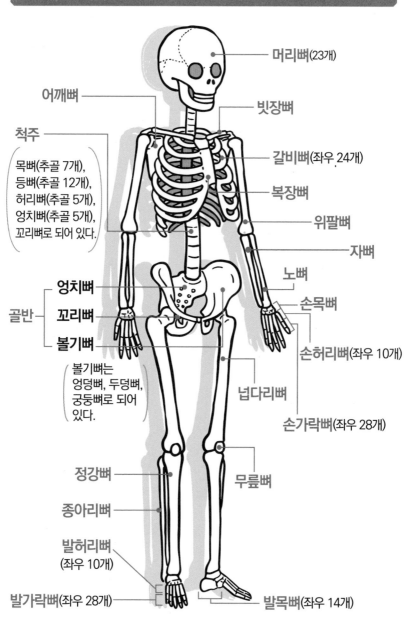

.

골격을 구성하는 주요 뼈

머리뼈(23개)

빗장뼈

어깨뼈

갈비뼈(좌우 24개)

척주

복장뼈

목뼈(추골 7개),
등뼈(추골 12개),
허리뼈(추골 5개),
엉치뼈(추골 5개),
꼬리뼈로 되어 있다.

위팔뼈

자뼈

노뼈

엉치뼈

손목뼈

골반

꼬리뼈

볼기뼈

손허리뼈(좌우 10개)

볼기뼈는
엉덩뼈, 두덩뼈,
궁둥뼈로 되어
있다.

넙다리뼈

손가락뼈(좌우 28개)

정강뼈

무릎뼈

종아리뼈

발허리뼈
(좌우 10개)

발가락뼈(좌우 28개)

발목뼈(좌우 14개)

사람의 뼈는 전부 몇 개일까?

02 인체에는 관절이 몇 개 있을까?

몸 안에는 약 260개의 관절이 존재한다

+ 관절은 하루에 약 10만 번이나 움직인다

뼈와 뼈의 이음새에는 관절이 있는데 사람의 몸에는 어깨와 팔꿈치, 다리와 무릎, 발목, 손가락 등 전부 약 260개의 관절이 있다.

관절의 역할은 몸이 부드럽게 움직이도록 하는 것이다. 걷거나, 몸을 숙이거나, 물건을 집는 것과 같은 일상의 동작은 이러한 관절을 움직임으로써 가능해지는 것이다. 아무리 뼈가 튼튼하고 근육이 강하더라도 관절이 없으면 몸을 생각대로 움직일 수 없다. 사람은 하루에 약 10만 번이나 관절을 움직이지만 이렇게 혹사시켜도 견딜 수 있는 튼튼한 구조이다. 관절은 인대와 막으로 둘러싸여 있는데, 막의 안쪽에는 관절을 부드럽게 움직이는 역할을 하는 윤활액으로 채워져 있다. 관절로 향하는 뼈의 표면에는 탄력성 있는 연골이 있어 윤활액과 연골이 뼈와 뼈가 부딪히지 않도록 해 주는 역할을 한다.

+ 종류와 형태, 기능도 다양하다

사람의 관절에는 어깨나 엉덩관절처럼 전후, 좌우, 상하로 움직일 수 있는 '절구관절'과 팔꿈치나 무릎처럼 뼈가 경첩과 같은 모양을 띠고 있어 굽히거나 펼 수 있는 '경첩관절' 등이 있다. 엄지손가락 연결 부분에 있는 '안장관절'은 '절구관절'만큼은 아니지만 넓고 자유롭게 움직일 수 있다. 목 부분 등에는 '중쇠관절'이 있어 목을 돌려 좌우를 둘러보는 데 편리한 구조이다. 옆이나 전후와 같은 세세한 움직임에 적합한 '타원관절'은 손목 등에 있다.

사람 몸에 있는 주요 관절의 종류

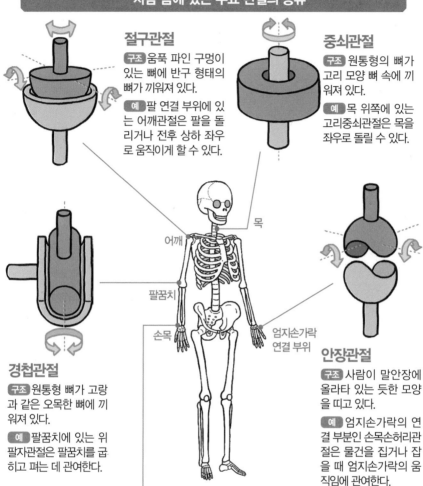

절구관절
구조 움푹 파인 구멍이 있는 뼈에 반구 형태의 뼈가 끼워져 있다.

예 팔 연결 부위에 있는 어깨관절은 팔을 돌리거나 전후 상하 좌우로 움직이게 할 수 있다.

중쇠관절
구조 원통형의 뼈가 고리 모양 뼈 속에 끼워져 있다.

예 목 위쪽에 있는 고리중쇠관절은 목을 좌우로 돌릴 수 있다.

경첩관절
구조 원통형 뼈가 고랑과 같은 오목한 뼈에 끼워져 있다.

예 팔꿈치에 있는 위팔자관절은 팔꿈치를 굽히고 펴는 데 관여한다.

안장관절
구조 사람이 말안장에 올라타 있는 듯한 모양을 띠고 있다.

예 엄지손가락의 연결 부분인 손목손허리관절은 물건을 집거나 잡을 때 엄지손가락의 움직임에 관여한다.

목

어깨

팔꿈치

손목

엄지손가락
연결 부위

인체에는 관절이 몇 개 있을까?

타원관절

구조 평평한 공 모양을 한 뼈가 얇은 홈이 있는 뼈에 끼워져 있다.

예 손목에 있는 손목관절은 손목을 좌우전후로 움직이게 할 수 있다.

03 사람이 진화한 것은 손발 덕분이다?

직립보행으로 손발의 역할이 분업화되어 뇌가 발달했다

✛ 도구 사용을 익혀 지적 능력을 획득했다

네 발로 걷는 대부분의 동물은 앞발과 뒷발에 약간의 차이는 있지만, 기능상 큰 차이가 없다. 그러나 사람의 경우는 다르다. 직립보행을 하게 됨으로써 손과 발의 역할이 명확하게 나뉘게 되었다.

손은 엄지손가락을 발달시켜 물건을 집는 등 세세한 동작을 할 수 있게 되었다. 팔과 연결되어 있기 때문에 물건을 움직일 수도 있게 되었다. 그뿐만 아니라 도구를 사용하는 방법을 익혀 뇌의 발달을 촉진시키고 지적 능력을 획득할 수 있게 되었다.

✛ 겉으로 보는 구조는 달라도 골격은 거의 똑같다

그렇다면 발은 어떨까? 발은 몸을 지지함과 동시에 보행과 같은 운동 기능을 갖고 있다. 두 발로 서기 위해 발뒤꿈치부터 발가락까지를 지면에 붙였다. 또 발바닥 중간 부분을 아치모양으로 만들어 체중을 분산시키고 충격을 완화시키는 형태로 발달시켰다. 그 결과 발가락뼈(지골, 趾骨)는 손가락뼈(지골, 指骨)보다 짧고 발등이 길다.

외형과 역할은 달라도 골격을 비교해 보면 손뼈는 한쪽 손에 27개이고 발뼈는 한쪽 발에 26개로 비슷한 구조를 하고 있다. 이러한 뼈는 따로 떨어지지 않도록 인대로 관절을 연결시키고 있으며 손가락과 발가락 부분이 길다는 점에서 똑같다. 원래는 똑같은 '발'이었지만, 역할이 분업화됨으로써 뇌의 발달이 촉진되어 인류의 진화에 크게 기여한 것이다.

손의 특징과 발의 특징

오른손

(손바닥 쪽)

오른발

(발바닥 쪽)

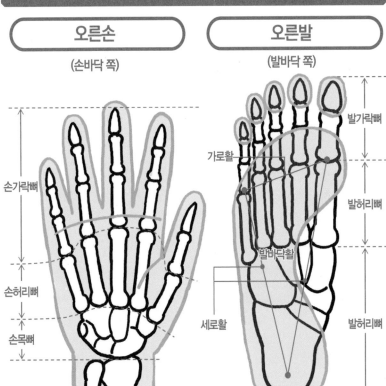

손가락뼈

손허리뼈

손목뼈

발가락뼈

가로활

발허리뼈

발바닥활

세로활

발허리뼈

손목뼈는 발목뼈보다 복잡한 구조로 되어 있으며 움직임도 섬세하다.

발뼈는 손뼈보다 길며 3개의 발바닥활(아치)를 형성하고 있다.

사람이 진화한 것은 손발 덕분이다?

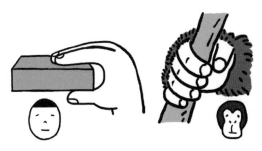

사람과 침팬지가 물건을 집는 방법

사람의 손은 엄지손가락과 다른 손가락을 마주보게 해서 물건을 집지만 침팬지는 그렇지 않다.

04 근육은 전부 몇 개 있을까?

근육은 뼈와 달리 정확하게 세기 어렵다

✛ 세는 방법에 따라 400~800으로 달라진다

사람의 몸에는 전부 몇 개의 근육이 있을까? 근육에는 뼈에 붙어 있는 뼈대근육 외에 심장을 움직이는 심장근육, 혈관이나 내장의 벽을 만드는 민무늬근육이 있다. 참고로 민무늬근육과 심장근육은 셀 수 없다. 골격근은 좌우로 있는데 다시 자잘하게 세분화되므로 전부 합치면 400개라고 하기도 하고 800개라고 하기도 해서 연구자들끼리도 의견이 일치하지 않는다. 그 이유는 근육의 수가 세는 방법에 따라 달라지기 때문이다. 근육에는 하나하나에 이름이 붙어 있으므로 누가 세어도 똑같지만, 그중에는 예외가 있어서 세는 방법이 복잡해지는 것이다.

✛ 등뼈에는 이름이 없는 근육이 있다?

가장 골치 아픈 것은 등뼈 부분에 있는 골격근으로, 일부 근육에는 하나하나에 이름이 붙어 있지 않다. 등뼈의 가로돌기에서 나와 위쪽 가시돌기에 비스듬히 붙어 있는 근육은 하나 위, 두 개 위, 세 개 위…와 같은 이름이 붙어 있을 뿐, 경계 없이 연결되어 있다. 그러므로 이런 근육들을 전부 모아 하나의 근육으로 보는 것이 좋을지, 아니면 별개의 근육으로 보는 것이 좋을지 판단하기 어렵다. 어쩔 수 없이 편의상 숫자로 나눠 1개 위부터 2개 위까지에 붙어 있는 비교적 짧은 근육을 '돌림근', 2~4개 위까지에 붙어 있는 것을 '뭇갈래근', 4개 위 이상에 붙어 있는 것을 '반가시근'이라 하고 있다. 참고로 손의 근육에도 하나의 이름으로 묶어 부르면 수가 적어지는 것이 있다. 이와 같이 근육의 수를 정확하게 말하는 것은 매우 어렵다.

근육(뼈대근육)의 기본 구조

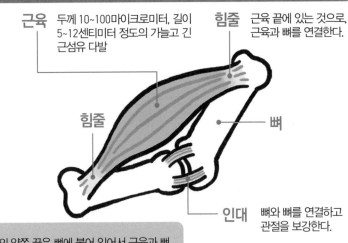

근육 두께 10~100마이크로미터, 길이 5~12센티미터 정도의 가늘고 긴 근섬유 다발

힘줄 근육 끝에 있는 것으로, 근육과 뼈를 연결한다.

힘줄

뼈

인대 뼈와 뼈를 연결하고 관절을 보강한다.

근육의 양쪽 끝은 뼈에 붙어 있어서 근육과 뼈가 연동하여 움직인다. 인체에는 이러한 작용을 하는 근육(뼈대근육)이 400개 이상 있으며 각각에 이름이 붙어 있다.

세는 방법이 어려운
뼈대근육

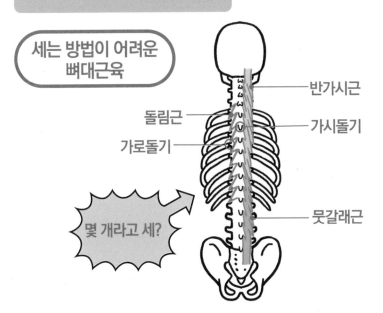

반가시근

돌림근

가시돌기

가로돌기

뭇갈래근

몇 개라고 세?

근육은 전부 몇 개 있을까?

05 스모 선수가 어깨 결림이 적은 이유는?

어깨뼈에 붙어 있는 등세모근이 발달해 있기 때문이다

+ 의지할 수 없는 어깨에 무거운 팔이 붙어 있다

어깨는 의지할 수 없는 구조로 되어 있다. 몸의 앞부분은 가는 빗장뼈, 뒷부분은 어깨뼈가 팔을 지지하고 있는데, 팔은 의외로 무거워 팔 하나가 체중의 16분의 1 정도를 차지한다. 예를 들어 체중이 60킬로그램인 사람의 경우 7.5킬로그램(양팔)의 무게를 지지해야 하는 것이다. 어깨뼈에는 뼈대의 도우미같은 존재인 등세모근이라는 큰 근육이 붙어 있어 팔의 무게를 지탱해 주기 때문에 가만히 있어도 항상 근육이 긴장해 수축되어 있다. 근육이 수축할 때는 에너지원으로 산소가 필요한데, 산소는 혈액순환이 좋지 않으면 운반되지 않는다. 혈액순환을 좋게 하려면 어깨를 움직이는 것이 중요하지만, 특별히 의식하지 않는 한 일상생활 속에서 등세모근이 기능할 만한 움직임은 거의 하지 않는다. 그러면 등세모근의 긴장이 계속되어 혈액순환이 나빠지는 상태에 이르는데, 이것이 어깨 결림이다. 한편 스모 선수처럼 일상적으로 팔로 물건을 꼭 쥐거나 미는 동작을 하는 사람은 등세모근이 잘 발달되어 팔 지탱력이 강해져 어깨 결림으로 고민하는 일이 줄어든다.

+ 오십견의 정체는 회전근개의 손상이다

나이가 들면서 어깨 관절이 약해지면 약간의 자극에도 상처가 나고 염증을 일으켜 팔을 들어 올릴 수 없게 되는데, 이것이 바로 '오십견'이다. 오십견의 주요 원인은 위팔뼈를 둘러싸고 있는 근육둘레띠(Rotator Cuff)라는 힘줄의 손상이다. 염증이 일어나는 급성 오십견의 경우, 환부를 움직이지 말고 안정을 취하는 것이 중요하다.

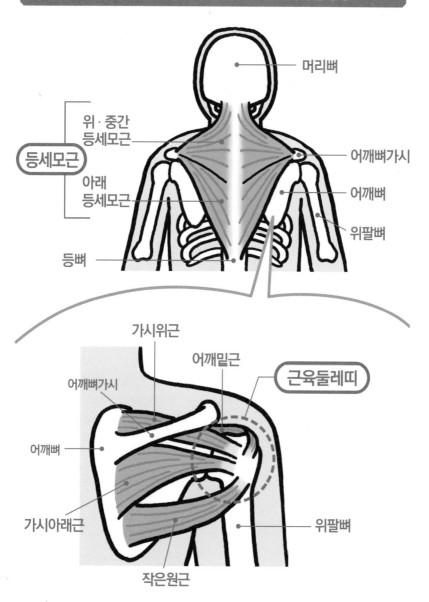

어깨의 증상과 관련 깊은 등세모근과 근육둘레띠

머리뼈

등세모근

위·중간 등세모근

어깨뼈가시

아래 등세모근

어깨뼈

위팔뼈

등뼈

가시위근

어깨밑근

근육둘레띠

어깨뼈가시

어깨뼈

가시아래근

위팔뼈

작은원근

스무 선수가 어깨 결림이 적은 이유는?

06　사람의 머리카락은 몇 개일까?

> 사람의 머리카락은 평균 10만 개로, 매일 50개 이상 빠진다

✛ 남자와 여자는 머리카락의 수명이 다르다

머리카락은 피부가 분화된 것으로, 한 올 한 올은 가늘지만 한 곳에 모여 있음으로써 머리가 상처 입는 것을 보호하고 보습을 하는 역할을 한다. 한국인의 머리카락 수는 8~12만 개로, 평균 약 10만 개이다. 머리카락은 털뿌리의 제일 아래쪽에 있는 털주머니에서 세포분열을 반복하여 매일 조금씩 성장한다. 그리고 성장이 멈추면 털뿌리의 세포가 죽어 저절로 빠진다. 머리카락의 수명은 남녀가 다른데, 남자는 3~5년, 여자는 4~6년이라고 한다. 건강한 사람이라도 하루에 50~150개의 머리카락이 빠진다. 빠진 곳에서 다시 세포분열이 일어나 새로 자라는 구조로 되어 있다.

✛ 머리색이 하룻밤에 하얗게 세는 경우는 없다

머리색은 털에 포함된 멜라닌 색소의 양으로 결정되는데, 멜라닌 색소가 많을수록 검은색, 적을수록 갈색이 된다. 멜라닌 색소는 머리카락과 같이 털뿌리에서 만들어지지만, 나이가 들면 신진대사가 떨어져 털주머니에 영양이 돌지 않게 되면 색소를 만드는 능력도 저하되어 수가 적어진다. 그래서 멜라닌이 있던 곳에 틈이 생기고 그 틈에 공기가 들어가 흰머리가 생긴다. 흰머리에 빛이 닿으면 반짝반짝 빛나 보이는 이유는 틈의 공기가 빛을 반사시키기 때문이다. 이렇게 흰머리가 나는 것은 털뿌리의 문제이므로 하룻밤에 머리가 하얗게 세는 경우는 있을 수 없다.

머리털의 수명과 생성 사이클

1 전기 성장기

털뿌리에 영양을 공급하는 털유두의 작용으로 털주머니가 왕성하게 세포분열을 하여 털뿌리가 성장한다.

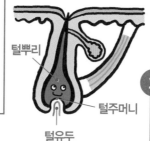

털뿌리

털주머니

털유두

2 후기 성장기

털주머니의 세포분열이 계속되어 머리털이 성장해 나간다.

빠진 털

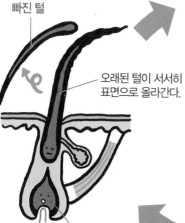

오래된 털이 서서히 표면으로 올라간다.

머리털

새로운 털뿌리

4 휴지기

머리털이 피부 표면으로 올라가 이윽고 빠진다. 털주머니에서는 새로운 털의 성장이 시작된다.

3 퇴행기

털주머니의 세포분열이 멈추면 머리털의 성장도 멈춘다.

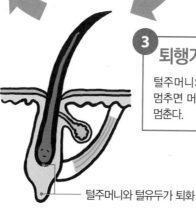

털주머니와 털유두가 퇴화

사람의 머리카락은 몇 개일까?

07 나이를 먹으면 주름이 느는 이유는 무엇일까?

피부의 탄력과 수축을 담당하는 2개의 물질이 줄어들기 때문이다

+ 전신의 피부를 합치면 문 한 짝 정도가 된다!

'피부'는 사람의 몸 중 가장 큰 조직으로, 성인의 전신 피부를 합치면 문 한 짝 정도(1.6~1.8평방미터)가 된다고 한다.

피부는 표피와 진피로 된 2개의 층을 이루고 있는데, 이 둘을 합친 두께는 1~4밀리미터이다. 그 아래에 부드러운 피하 조직이 있다. 각 층의 두께는 몸의 부위에 따라 다르다. 또 피부에는 압력, 온도와 같은 외부 자극을 감지하는 신경 구조(84쪽 참조)도 갖추고 있다.

+ 피부를 지탱하던 그물막이 무너진다

피부가 탱탱한 이유는 피부에 가는 실과 같은 물질인 '콜라겐 섬유'와 '탄력 섬유'가 있어서 이 둘이 그물 모양으로 얽혀 피부를 지탱하기 때문이다.

콜라겐 섬유는 피부가 너무 늘어지지 않도록 탄력을 유지하는 역할, 탄력 섬유는 피부를 수축시키는 고무와 같은 역할을 하는 물질이다. 하지만 나이가 들면 콜라겐 섬유와 탄력 섬유가 모두 줄어든다. 주름이 생기는 이유는 이 물질들의 기능이 약해진 결과, 피부를 지탱하던 그물막이 무너져 늘어난 피부가 원래대로 돌아가는 힘을 잃어버려 처지기 때문이다. 또 햇빛에 들어 있는 자외선도 주름이 늘어나게 하는 원인이 된다. 자외선은 피부 깊숙이 있는 진피층까지 도달해 콜라겐 섬유를 잘게 잘라 버리고 탄력섬유도 변질시켜 버린다. 나이가 들어 주름이 느는 것은 어쩔 수 없는 일이지만, 자외선을 조심하면 진행을 늦추는 데 도움이 된다.

피부의 구조와 기능

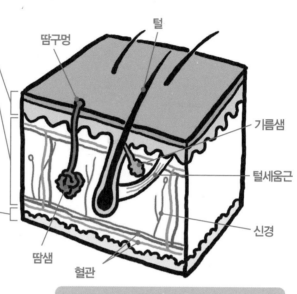

표피
외부로부터 몸을 보호하는 피부 조직(각질)을 쉬지 않고 만든다.

진피
콜라겐 섬유와 탄력 섬유의 기능으로 수분이 풍부하다. 혈관과 신경이 통하고 있다.

피부밑조직
지방을 많이 갖고 있으며 외부로부터의 충격 완화나 단열·보온, 에너지의 저장 등의 역할을 담당한다.

땀구멍 / 털 / 땀샘 / 기름샘 / 털세움근 / 신경 / 혈관

21

피부에는 2층 구조 외에 땀샘, 기름샘, 털과 같이 피부 조직을 보완하는 특수한 기관도 갖고 있다.

주름이 생기는 원리

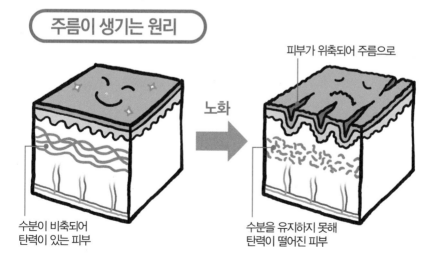

노화

수분이 비축되어 탄력이 있는 피부

피부가 위축되어 주름으로

수분을 유지하지 못해 탄력이 떨어진 피부

08 손톱에 가끔씩 생기는 흰 점은 무슨 신호일까?

병이 아니라 자극이나 공기가 들어가서 생기는 것이다

✚ 자주 사용하는 손가락은 손톱이 빨리 자란다

손톱은 피부(표피)의 각질이 굳어져 생긴 것으로, 손가락 끝이나 피부를 보호하는 역할 외에도 작은 물건을 쉽게 집을 수 있는 등 세세한 작업을 가능하게 해 주는 역할을 한다. 손톱은 '손톱기질'이라는 부분에서 만들어져 새로 생긴 부분이 위로 이동하면서 길어진다. 손톱이 자라는 속도는 손가락마다 다른데, 보통 검지, 중지, 약지의 손톱이 엄지손가락이나 새끼손가락보다 빨리 자란다고 한다. 자라는 속도는 성인의 경우 하루에 평균 0.1밀리미터 전후이다. 자라는 속도는 밤보다는 낮, 겨울보다는 여름이 빠르며, 발톱은 손톱보다 자라는 속도가 느리다.

✚ 손톱도 피부이므로 이상이 생기기도 한다

손톱도 피부의 일부이므로 가끔 이상이 생기기도 한다. 또 손톱의 모양에는 노화나 몸의 상태가 나타난다. 예를 들어 우둘투둘한 세로선 모양이 보인다면 이것은 노화의 신호이다. 나이가 들면 손톱기질 안에서도 손톱 세포를 만드는 속도가 위치마다 달라지므로 이런 세로선이 나타나는 것이다. 손톱에 생기는 흰색 점은 병이 아니므로 걱정할 필요는 없다. 이는 손톱이 만들어질 때 어떤 자극을 받거나 손톱 안에 공기가 들어가 생기는 것으로, 손톱이 자라면서 위로 이동하면 없어진다. 손톱에 가로선이 들어가는 원인은 불규칙적인 생활이나 스트레스이다. 또 손톱이 볼록 부풀어 오르는 원인으로는 허파나 심장, 간 등의 질병을 들 수 있다.

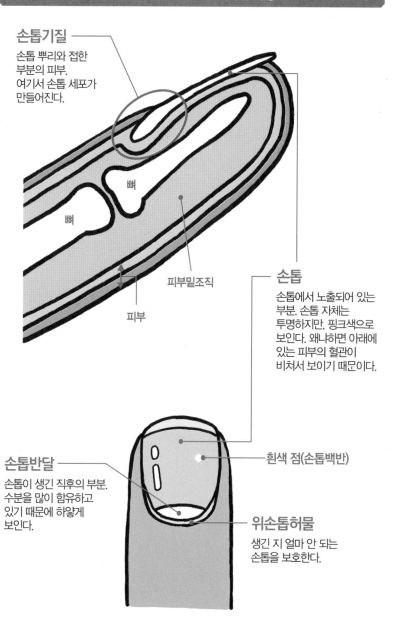

손톱의 구조와 각 부위의 특징

손톱기질

손톱 뿌리와 접한
부분의 피부.
여기서 손톱 세포가
만들어진다.

뼈

뼈

피부밑조직

피부

손톱

손톱에서 노출되어 있는
부분. 손톱 자체는
투명하지만, 핑크색으로
보인다. 왜냐하면 아래에
있는 피부의 혈관이
비쳐서 보이기 때문이다.

손톱반달

손톱이 생긴 직후의 부분.
수분을 많이 함유하고
있기 때문에 하얗게
보인다.

흰색 점(손톱백반)

위손톱허물

생긴 지 얼마 안 되는
손톱을 보호한다.

손톱에 가끔씩 생기는 흰 점은 무슨 신호일까?

09 순간적으로 몸이 적절한 행동을 취하는 이유는 무엇일까?

사람에게는 뇌에만 의존하지 않는 구조가 있기 때문이다

✛ 뇌를 대신해 척수가 중추적으로 작용한다

우리가 몸을 움직일 때 외부 변화에 맞춰 적절한 행동을 취할 수 있는 이유는 외부의 정보(신호)가 말초신경과 척수를 거쳐 사령부인 뇌에 전달되고 여기서 조합된 지령이 다시 척수와 말초신경을 통해 손발의 근육 등으로 보내지기 때문이다. 하지만 갑자기 물건이 날아오는 위험 등으로부터 몸을 급하게 보호할 때는 뇌에 정보를 전달해 뇌의 지령을 기다리고 있기에는 너무 늦다. 이럴 때는 **뇌를 대신해 척수가 중추적으로 작용하여 무의식적으로 몸에 반사 운동을 일으켜 물건이 부딪히기 전에 반응할 수 있도록 해서 위험을 피하고 있다.** 이 구조를 '척수반사'라고 한다. 척수반사의 경우, 뇌와 같은 역할을 담당하는 것이 척수이므로 신호는 뇌를 경유하지 않고 척수가 신호를 처리해 근육에게 지령을 전달한다.

✛ 척수반사를 이용한 것이 재활훈련이다

척수에서 좌우로 나와 있는 말초신경(척수신경)은 31쌍이 있으며 몸 안 구석구석까지 뻗어 있다. 척수신경 중 척수의 앞쪽에서 뻗어 있는 것이 운동신호를 전달하는 '운동신경'이며, 뒤쪽에서 뻗어 있는 것은 감각 신호를 전달하는 '감각신경'으로 전신의 움직임에 관여한다. 사람이 걸을 때 의식하지 않아도 오른발 다음에 왼발과 같이 발을 번갈아 내면서 걷는 것도 척수 안에 이런 구조가 갖춰져 있기 때문이다. 또 뇌의 일부가 손상되어 마비가 일어났을 때 이 척수반사를 이용하여 의료에 도움을 주는 것이 재활훈련이다.

뇌, 척수, 말초신경의 관계

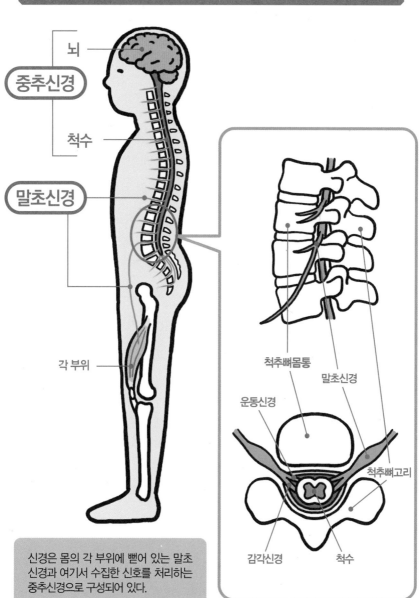

중추신경

뇌

척수

말초신경

각 부위

척추뼈몸통

말초신경

운동신경

감각신경

척추뼈고리

척수

신경은 몸의 각 부위에 뻗어 있는 말초신경과 여기서 수집한 신호를 처리하는 중추신경으로 구성되어 있다.

순간적으로 몸이 적절한 행동을 취하는 이유는 무엇일까?

10 무릎을 꿇고 앉으면 발이 저리는 이유는 무엇일까?

발의 신경이 일시적으로 마비를 일으키기 때문이다

✛ 찌릿찌릿한 감각은 감각신경이 회복되는 것

누구나 무릎을 꿇고 앉으면 발이 저리는 경험을 해 봤을 것이다.

발이 저리는 이유는 일시적으로 일어나는 혈액순환 장애 때문이다. 발에는 근육을 움직이는 운동신경과 열이나 아픔을 느끼는 감각신경이 통하고 있다.

무릎을 꿇고 앉으면 체중이 발에 실려 혈관을 압박하고 혈류가 나빠져 일시적으로 발의 신경이 마비되는 상태에 빠진다. 운동신경이 마비되면 발목을 굽히지 못하거나 일어설 수 없게 된다. 감각신경도 둔해지기 때문에 발을 꼬집어도 아무 감각도 못 느끼게 된다. 하지만 이는 일시적인 현상으로, 일어나거나 자세를 바꾸면 발의 혈류가 돌아와 감각신경도 회복된다. 이때 발생하는 찌릿찌릿한 감각이 발 저림의 정체이다.

✛ 동맥은 필요에 따라 모양을 바꿀 수 있다

무릎을 꿇고 앉는 정좌에 익숙해지면 발의 혈관이 압박을 받아도 발이 잘 저리지 않는다. 이는 발에 필요한 혈류가 확보되기 때문이다.

동맥은 필요에 따라 굵어지거나 가늘어지는 성질을 갖고 있다. 스님과 같이 습관적으로 정좌를 자주 하는 사람의 경우, 압박을 받는 굵은 동맥 대신 여기서 갈라져 나온 가는 동맥이 발달하여 혈류를 확보할 수 있도록 굵어진다. 그러면 오랜 시간 정좌를 해도 발의 신경에 필요한 혈액이 공급되므로 발이 잘 저리지 않게 되는 것이다.

정좌를 하면 발이 저리는 이유

발의 신경이
산소결핍으로
마비!

체중이 실려 바닥에 눌러진 발은 혈관이 좁아지고 신경에 산소가 도달하지 못하게 된다. 산소가 부족한 신경이 마비되어 발이 저리게 된다.

무릎을 꿇고 앉으면 발이 저리는 이유는 무엇일까?

발의 혈관

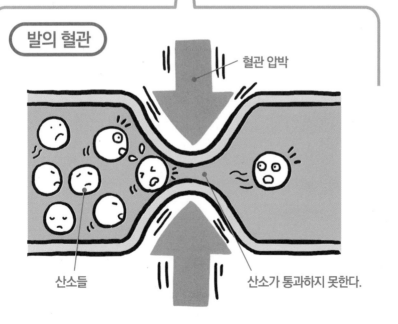

혈관 압박

산소들

산소가 통과하지 못한다.

11 혈관의 길이는 얼마나 될까?

전신의 혈관을 모두 합치면 한반도의 약 5.5배!

✚ 혈관은 심장에 가까울수록 굵다

전신을 구석구석 돌아 혈액을 수송하는 파이프 역할을 담당하는 혈관은 동맥, 모세혈관, 정맥으로 구성되어 있다.

혈관 중에서 가장 굵은 것은 대동맥으로, 혈액을 심장에서 몸 중앙을 통해 다른 동맥으로 보낸다. 굵기는 100원짜리 동전의 지름보다 조금 크다. 동맥의 벽은 두껍고 탄력성이 있기 때문에 웬만한 일이 아니고는 끊어지지 않는다. 동맥경화는 동맥의 탄력이 없어져 굳어진 상태를 말한다. 가장 가는 것은 모세혈관으로, 지름은 약 120분의 1밀리미터 정도이다. 적혈구와 같은 혈구가 겨우 통과할 수 있을 정도의 굵기이므로 사람의 눈으로는 식별할 수 없다. 모세혈관은 몸 구석구석까지 돌아 산소와 영양소를 공급하는 역할을 한다. 모세혈관은 딱딱한 뼈 안에도 있다.

✚ 혈액은 6,000킬로미터를 여행한다

피부에서 비쳐 보이는 혈관은 모두 정맥이다. 동맥이 심장의 펌프 작용으로 혈액을 보내는 데 반해, 중력에 역행하는 정맥에는 혈액이 역류하는 것을 막는 판이 붙어 있으며 전신의 근육 펌프 작용으로 심장까지 혈액을 되돌린다. 정맥은 혈액을 운반하기만 할 뿐, 압력을 거의 받지 않기 때문에 혈관 벽이 얇고 탄력성도 그다지 없다. 이러한 혈관을 모두 연결하면 길이가 어느 정도가 될까? 정답은 약 6,000킬로미터로 한반도의 남북 길이(1,100킬로미터)의 약 5.5배에 달한다.

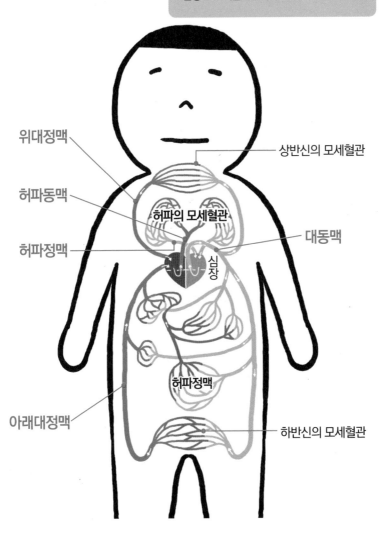

전신의 혈관의 순환 방법

혈관은 어느 경로이든 심장에서 시작하여
동맥 → 모세혈관 → 정맥을 통과한 후 다시
심장으로 되돌아온다.

위대정맥

허파동맥

허파정맥

아래대정맥

상반신의 모세혈관

허파의 모세혈관

대동맥

심장

허파정맥

하반신의 모세혈관

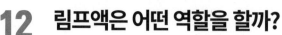

12 림프액은 어떤 역할을 할까?

세포의 노폐물이나 지방을 운반하고 면역도 담당한다

+ 전신에 퍼져 있는 노폐물을 흘려보내는 '수도'

림프관은 림프액이 통하는 길로, 혈관을 따라 몸 안에 뻗어 있다. '림프'란, 원래 라틴어로 '정수의 흐름'이라는 뜻을 가지는데, 일본에서는 『해체신서』에 처음 등장하여 당시에는 '수도'로 번역되었다고 한다.

림프관에는 묽은 노란색의 림프액이 흐른다. 림프액은 모세혈관에서 스며든 혈장이 림프관에 들어간 것으로, 세포에서 배출된 노폐물이나 장에서 흡수된 지방을 운반하는 역할을 하고 있다. 림프관의 중간에는 '림프절'이라는 누에콩 크기의 장기가 있다. 림프절은 목이나 겨드랑이, 사타구니 등 사람의 몸 안에 약 800개 존재하는데, 림프액 속의 세균이나 바이러스와 같은 이물질을 걸러내는 역할을 하고 있다. 림프절 안에는 '큰포식세포'라는 면역세포가 대기하고 있다가 이물질과 싸운다.

+ 부기의 정체는 림프액의 누출이다

림프는 부기가 발생하는 메커니즘에도 관여하고 있다. 혈액은 본래 심장에서 나와 심장으로 되돌아가는데, 오랜 시간 나와 있으면 근육의 힘으로 정맥혈을 밀어 올릴 수 없게 되어 다리와 같은 말단에서 심장으로 되돌아갈 수 있는 혈액의 양이 감소해 버린다. 그러면 모세혈관이 크게 압력을 받아 되돌아갈 수 없게 된 혈액이 모세혈관에서 누출되어 림프액으로 쌓인다. 이것이 부기의 정체이다. 다리가 부어도 발을 움직이거나 걸으면 림프액이 회수되므로 부기도 해소된다.

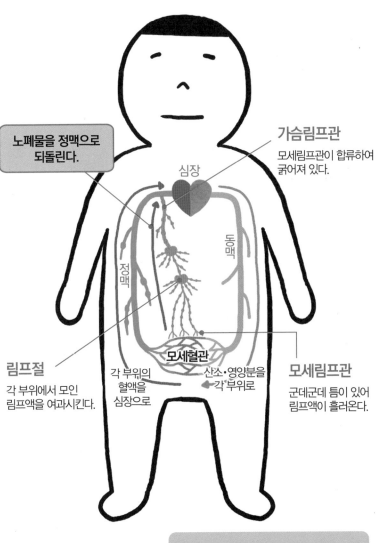

림프액이 혈액으로 되돌아가는 구조

노폐물을 정맥으로 되돌린다.

심장

가슴림프관

모세림프관이 합류하여 굵어져 있다.

동맥

정맥

림프절

각 부위에서 모인 림프액을 여과시킨다.

각 부위의 혈액을 심장으로

모세혈관

산소·영양분을 각 부위로

모세림프관

군데군데 틈이 있어 림프액이 흘러온다.

림프액은 여과를 반복하여 정맥으로 들어갈 즈음 대부분의 이물질이 제거된다.

림프액은 어떤 역할을 할까?

13 인체는 전부 세포로 되어 있다는데 정말일까?

전신의 조직과 장기는 모두 세포가 만든 것이다

+ 수정란이 세포분열을 거듭함으로써 몸이 만들어진다

사람의 몸은 약 37조 개의 세포로 이루어져 있다. 정자와 난자가 수정해 생긴 단 하나의 '세포(수정란)'가 둘이 되고 셋이 되는 세포분열을 거듭해 분화하여 뇌와 심장, 피부와 손톱 등 역할이 다른 다양한 장기와 조직을 만들고 중요한 기능을 담당하게 된다. 세포의 종류는 200~300개나 있는데, 이 하나하나가 호흡을 하고 영양소를 섭취해 활동하고 있다. 사람의 세포는 현미경으로만 볼 수 있는 크기로, 지름은 15~30마이크로미터이다. 우리가 살아 있는 이유는 약 37조 개의 세포가 활동하여 다양한 장기가 제 기능을 다하고 있기 때문이다.

+ 세포분열의 오류로 암이 생긴다

몸을 만드는 세포는 오래되면 분열하여 새로운 세포로 대체된다. 이렇게 세포분열을 거듭하기 때문에 우리의 몸이 건강을 유지할 수 있는 것이다. 하지만 세포분열이 생기는 회수에는 한계가 있어 사람의 세포의 경우 40~60회 정도라고 한다. 시간으로 계산하면 120~130년 정도가 되지만, 대부분의 사람은 이렇게까지 오래 살지 못한다. 왜냐하면 세포가 분열하여 새로운 세포를 만들 때 오류가 일어나기 때문이다. 한국인의 사망 원인 중 큰 비율을 차지하는 '암'을 유발하는 것도 이러한 오류가 원인으로, 나이가 들수록 오류의 빈도가 높아진다. 몸 안에 이상 세포가 늘어나면 병에 걸려 결국 죽음을 맞이하게 된다. 우리에게 수명이 있는 이유는 세포가 영원하지 않기 때문이다.

◆ 소방 분야

강좌명	수강료	학습일	강사
소방기술사 1차 대비반	620,000원	365일	유창범
[쌍기사 평생연장반] 소방설비기사 전기 x 기계 동시 대비	549,000원	합격할 때까지	공하성
소방설비기사 필기+실기+기출문제풀이	370,000원	170일	공하성
소방설비기사 필기	180,000원	100일	공하성
소방설비기사 실기 이론+기출문제풀이	280,000원	180일	공하성
소방설비산업기사 필기+실기	280,000원	130일	공하성
소방설비산업기사 필기	130,000원	100일	공하성
소방설비산업기사 실기+기출문제풀이	200,000원	100일	공하성
소방시설관리사 1차+2차 대비 평생연장반	850,000원	합격할 때까지	공하성
소방공무원 소방관계법규 문제풀이	89,000원	60일	공하성
화재감식평가기사·산업기사	240,000원	120일	김인범

◆ 위험물 · 화학 분야

강좌명	수강료	학습일	강사
위험물기능장 필기+실기	280,000원	180일	현성호,박병호
위험물산업기사 필기+실기	245,000원	150일	박수경
위험물산업기사 필기+실기[대학생 패스]	270,000원	최대4년	현성호
위험물산업기사 필기+실기+과년도	350,000원	180일	현성호
위험물기능사 필기+실기[프리패스]	270,000원	365일	현성호
화학분석기사 필기+실기 1트 완성반	310,000원	240일	박수경
화학분석기사 실기(필답형+작업형)	200,000원	60일	박수경
화학분석기능사 실기(필답형+작업형)	80,000원	60일	박수경

세포의 구조와 여러 역할

세포의 기본 구조(단면도)

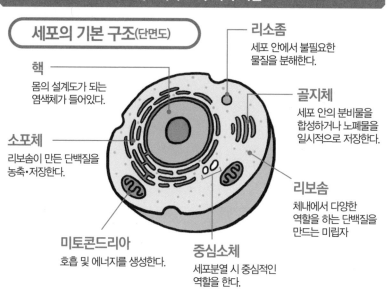

핵
몸의 설계도가 되는
염색체가 들어있다.

리소좀
세포 안에서 불필요한
물질을 분해한다.

골지체
세포 안의 분비물을
합성하거나 노폐물을
일시적으로 저장한다.

소포체
리보솜이 만든 단백질을
농축·저장한다.

리보솜
체내에서 다양한
역할을 하는 단백질을
만드는 미립자

미토콘드리아
호흡 및 에너지를 생성한다.

중심소체
세포분열 시 중심적인
역할을 한다.

33

다양한 세포의 종류

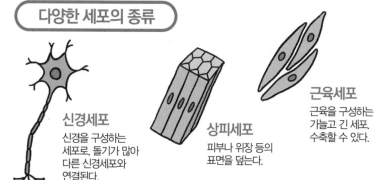

신경세포
신경을 구성하는
세포로, 돌기가 많아
다른 신경세포와
연결된다.

상피세포
피부나 위장 등의
표면을 덮는다.

근육세포
근육을 구성하는
가늘고 긴 세포.
수축할 수 있다.

적혈구
혈액 속에서 산소 및
이산화탄소를
운반한다.

뼈세포
긴 발을 많이 갖고
있어 옆의 뼈세포와
단단히 얽혀있다.

세밀한 인체해부도를 그려
근대 해부학의 창시자가 된 베살리우스

해부학이 근대 과학으로 시작된 것은 16세기 이후의 일이다. 인체의 수수께 끼에 도전한 벨기에 출신 안드레아스 베살리우스(1514~1564)가 1543년에 출 간한 『인체의 구조(Fabrica)』라는 의학서가 그 출발점이다.

18살에 모국을 떠나 파리 대학에서 의학을 공부한 베살리우스는 해부학 수 업에서 당시 일반적이었던 분업식 해부에 의문을 품었다. 그 당시에는 고대 로 마의 갈레노스 의학만 신봉하여 인체의 구조를 보는 일은 중시되지 않았다. 당 시의 해부는 집도하는 '집도자'와 봉으로 가리키는 '지시자', 해설을 하는 '해부 학자'가 수행하고 있었다. 하지만 실제의 몸 안을 잘 들여다보니 권위 있는 서 적과 맞지 않는 점들도 있었다. 베살리우스는 자신의 손으로 절개하여 확인하 지 않으면 진짜 모습을 알 수 없다고 생각했다. 그 후 해부학을 연구하기 위해 이탈리아의 파도바대학에 들어가 23살 에 교수로 임명되었다. 그는 대학 수업에 서 수많은 시체를 직접 해부하고 관찰에 기초하여 고찰·연구를 계속하면서 방대 한 분량의 서적을 집필했다.

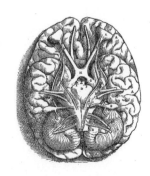

그것이 바로 28세에 출판한 『인체의 구조』이다. 이 책은 학술적 가치가 높을 뿐만 아니라 해부도가 아름답고 정확한 것으로 알려져 있다.

베살리우스가 그린 뇌의 바닥 부분

이렇게 현재에 이른 근대 의학의 역사는 자신의 손으로 해부하고 자신의 눈 으로 관찰한다는 베살리우스에 의해 열리게 되었다. 그리고 이를 계기로 발전 한 해부학의 연구는 형태를 바꿔 지금도 이어지고 있다.

제 2 장

호흡과 순환에 관한 수수께끼

14 허파는 어떻게 산소를 들이마실까?

산소는 허파꽈리에서 모세혈관으로 들어간다

✛ 18평 크기의 기관에서 이루어지는 가스 교환

사람은 물론 동물은 산소를 들이마시고 이산화탄소를 배출하는 '호흡'을 하며 살고 있다. 호흡을 함으로써 우리 몸 안에서 산소와 이산화탄소를 교환하는 가스 교환이 이루어지는 것이다. 입과 코로 들어간 공기는 기관지를 지나 허파 안으로 들어간다. 기관지는 좌우 허파 안에서 가지처럼 갈라져 점점 작아진다. 이 기관지의 끝에는 허파꽈리라는 포도송이 같은 아주 작은 주머니가 많이 붙어 있으며 이 표면에는 자잘한 모세혈관이 뻗어 있다. 허파꽈리의 표면적은 50~60평방미터로 집의 평수로 비유하면 약 18평 정도가 된다. 여기서 가스 교환이 일어나는 것이다.

✛ 산소는 적혈구와 결합하여 전신으로 운반된다

들이마신 공기에 포함되어 있는 산소는 허파꽈리의 표면을 도는 모세혈관을 통해 혈액 속으로 들어간다. 혈액 안에는 적혈구, 적혈구 안에는 헤모글로빈이 들어 있다. 헤모글로빈은 산소와 결합하기 쉬운 성질을 갖고 있어 산소와 결합한 적혈구는 동맥을 통해 전신으로 운반된다. 전신을 돈 혈액에는 체내에서 필요 없어진 이산화탄소가 녹아 있는데, 이를 다시 심장으로 되돌린 후 다시 허파로 보낸다. 허파꽈리에 도달하면 이산화탄소가 혈관 벽을 통해 허파꽈리 안으로 스며들어 간다. 이와 동시에 허파꽈리에는 새로운 산소가 들어오므로 적혈구는 다시 이와 결합한다. 허파꽈리로 들어간 이산화탄소는 숨과 함께 입 밖으로 나오게 된다.

허파에서 가스 교환이 일어나는 구조

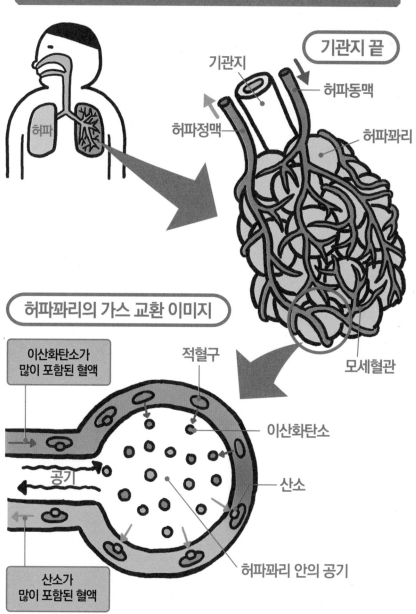

기관지 끝

기관지

허파동맥

허파정맥

허파

허파꽈리

37

모세혈관

허파꽈리의 가스 교환 이미지

이산화탄소가
많이 포함된 혈액

적혈구

이산화탄소

공기

산소

산소가
많이 포함된 혈액

허파꽈리 안의 공기

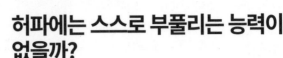

15 허파에는 스스로 부풀리는 능력이 없을까?

가로막과 갈비사이근 덕분에 허파가 호흡한다

✛ 허파에 공기가 흘러들어가고 밀려나오는 원리

허파가 스스로 힘을 주어 부풀리거나 수축시켜 공기를 들이마시고 내뱉는다고 오해하는데, 사실은 그렇지 않다. 이 점에서 스스로의 힘으로 박동할 수 있는 심장과는 사정이 다르다. 허파 자체에는 스스로 부풀리는 힘이 없기 때문에 가슴과 배 경계에 있는 가로막이라는 근육과 갈비뼈 사이에 있는 갈비사이근의 힘을 빌린다. 숨을 들이마실 때는 갈비사이근이 수축하여 갈비뼈가 위로 올라가며 이와 동시에 가슴과 배를 나누고 있는 가로막이 내려가고 갈비뼈 안의 공간이 넓어진다. 그러면 갈비뼈 안의 압력이 내려가 부풀어진 허파 안으로 공기가 흘러들어간다. 숨을 내쉴 때는 늘어난 허파가 자신의 탄력성에 의해 원래대로 되돌아가려고 함으로써 허파 안의 공기가 밖으로 밀려나온다. 허파가 공기를 내뱉고 작아짐과 동시에 갈비뼈가 내려가면 가로막이 올라가 가슴우리가 수축하고 허파 안의 공기가 밀려나온다. 이것이 호흡의 원리이다.

✛ 들이마신 공기의 3분의 1은 사용하지 않는다

왼허파는 오른허파보다 작고 모양도 다르다. 왜냐하면 심장이 왼쪽으로 약간 뻗어 나와 있기 때문이다. 무게는 오른허파가 약 600그램, 왼허파가 약 500그램 정도이다. 허파의 용량은 좌우 합쳐 2리터 정도로, 한 번의 호흡으로 공기를 내뱉고 마시는 양은 500밀리리터 정도이다. 단, 들이마신 공기를 모두 가스 교환에 사용할 수 있는 것은 아니다. 왜냐하면 들이마신 공기의 3분의 1은 하나 앞의 호흡에서 완전히 내뱉지 못하고 기도에 남아 있던 사용이 끝난 공기이기 때문이다.

호흡과 관계가 깊은 기관과 근육

허파는 인접한 갈비
사이근과 가로막이
라는 근육의 힘을
빌려 부풀어 오르는
구조로 되어 있다.

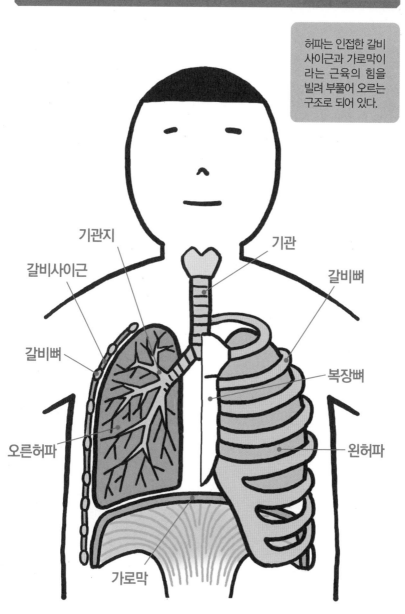

기관지

갈비사이근

기관

갈비뼈

갈비뼈

복장뼈

오른허파

왼허파

가로막

16 여자와 남자는 호흡법이 다르다던데 정말일까?

여자는 갈비호흡, 남자는 배호흡이 많다

✛ 갈비호흡은 갈비뼈의 기능을 사용하는 호흡법

공기를 들이마셔 허파 안에 산소를 공급하고 이산화탄소와 같이 필요 없는 물질을 내뱉는 것이 호흡이다.

호흡에는 '갈비호흡'과 '배호흡'이 있다.

갈비호흡은 가슴을 둘러싸고 있는 갈비사이근을 이용하여 가슴을 열고 허파에 공기를 넣는다. 내뱉을 때는 갈비사이근을 풀어 허파의 공기를 밀어낸다. 심호흡을 떠올리면 알기 쉬울 것이다.

대부분의 여성은 갈비호흡을 하고 있다고 한다. 이는 임신하여 배가 비좁아졌을 때도 호흡하기 쉽기 때문이라 알려져 있다.

✛ 배호흡은 가로막의 기능을 사용하는 호흡법

배호흡은 허파 아래에 있는 가로막을 움직여 허파에 공기를 넣고 뺀다. 가로막이 수축함으로써 허파가 배 쪽으로 부풀어 공기가 들어간다. 가로막을 원래대로 되돌리면 허파의 공기가 아래에서 밀려나온다. 대부분의 남성은 배호흡을 한다고 한다.

두 호흡법에는 각각의 역할이 있다. 갈비호흡은 공기를 많이 몸에 들이는 것이 목적이므로 운동이나 긴장할 때 자주 사용된다. 배호흡은 몸 안에 쌓여 있는 공기를 전부 다 내보내는 것이 목적이므로 긴장을 풀때 자주 사용한다. 두 호흡법은 모두 사람에게 중요하므로 우리는 이를 잘 구분해 사용하면서 살고 있는 것이다.

갈비호흡과 배호흡의 차이

갈비호흡

갈비사이근

갈비사이근을 수축시켜 허파를 부풀려 숨을 들이마신다. 갈비사이근을 풀어 허파를 원래대로 되돌려 내뱉는다. 여성이 많이 쓰는 호흡법이다.

41

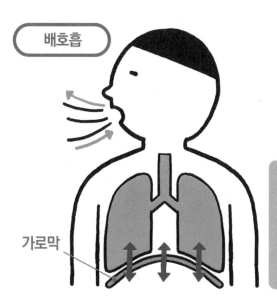

배호흡

가로막

가로막을 수축시켜 아래로 내림으로써 허파를 부풀려 숨을 들이마신다. 가로막을 풀어 허파를 원래대로 되돌려 내뱉는다. 남성이 많이 쓰는 호흡법이다.

여자와 남자는 호흡법이 다르다던데 정말일까?

17 심장은 하루에 몇 번이나 움직일까?

하루에 약 10만 번, 평생에 30억 번 박동한다

+ 몸이 큰 동물일수록 수명이 길다

심장이 하루에 몇 번 움직이는지는 1분 동안의 맥박 수로 알 수 있다. 성인의 경우 1분 동안 약 70회 움직이므로 단순히 계산하면 하루에 약 10만 번, 1년에는 약 3,650만 번, 80년 인생으로 계산하면 심장은 평생 30억 번 정도 움직이게 된다. 대부분의 동물은 평생에 뛰는 맥박 수가 똑같다고 하는데, 몸이 큰 동물일수록 1분간 맥박 수가 느리고, 작은 동물일수록 빨라진다. 예를 들어 코끼리의 맥박 수는 1분간 약 25회, 수명은 약 60년이다. 생쥐의 맥박 수는 1분간 약 550회, 수명은 약 3년이다. 이 때문에 몸이 큰 동물일수록 수명이 길다고 하지만, 사람과 같은 예외도 있다.

+ 심장은 자발적으로 움직일 수 있는 유일한 장기

심장은 혈액을 폐와 전신으로 순환시키는 펌프 역할을 하고 있다. 성인의 심장은 1분간 약 4~6리터, 하루에 약 7,000리터 이상의 혈액을 몸 안으로 내보낸다. 안정 시에는 한 번 박동할 때 약 70~80밀리리터의 혈액을 내보낸다. 심한 운동을 했을 때는 횟수가 늘어 1분에 200번 이상, 약 25리터의 혈액을 내보내게 된다. 또 맥박은 무서운 경험을 하거나 긴장했을 때도 올라간다. 심장이 두근두근하는 것은 자율신경이 심장의 리듬을 자극하기 때문이다. 심장은 신경을 거치지 않고 자발적으로 움직일 수 있는 장기이다. 그 이유는 심장근육의 각 세포에 규칙적으로 맥박하는 성질이 있기 때문이다. 이 때문에 심장은 몸 밖으로 꺼내도 잠시 동안은 움직인다.

혈액을 순환시키는 펌프 역할

심장이 만드는 혈액의 흐름

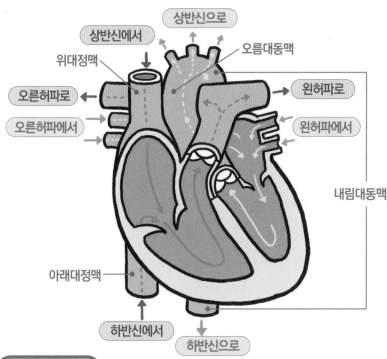

상반신에서

상반신으로

위대정맥

오름대동맥

오른허파로 ◀

오른허파에서 ▶

왼허파로

왼허파에서

내림대동맥

아래대정맥

하반신에서

하반신으로

박동의 원리

심장근육이 수축하거나 이완함으로써 혈액을 넣거나 보낸다. 4개의 판막이 작용하여 혈액이 역류하지 않는다.

〈심장근육이 이완〉

〈심장근육이 수축〉

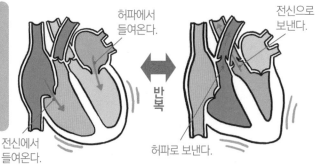

허파에서 들여온다.

전신으로 보낸다.

반복

전신에서 들여온다.

허파로 보낸다.

18 박동은 왼쪽 가슴에서 느끼니까 심장은 왼쪽에 있는 게 아닐까?

몸을 해부하면 심장은 가슴 거의 중앙에 있다

✛ 박동을 왼쪽 가슴에서 느끼는 것은 심장끝이 왼쪽으로 치우쳐 있기 때문이다

가슴에 손을 얹으면 왼쪽에서 박동을 느낀다. 그래서 심장이 왼쪽에 있다고 생각하지만, 사실 심장은 가슴 거의 중앙에 위치해 있다. 심장에서 가장 강하게 뛰는 것은 왼쪽 아래 앞 심장의 첨단부에 있는 '심장끝(apex of heart)'이다. 우리가 심장의 움직임을 왼쪽에서 느끼는 것은 이 심장끝이 왼쪽에 치우쳐 있기 때문에 심장이 왼쪽에 있다고 착각하는 것이다.

✛ 덤으로 심장은 왼쪽으로 틀어져 있다

심장은 가슴 중심에서 약간 왼쪽으로 뻗어 나와 있으며 길이는 약 14센티미터로 주먹보다 약간 크며, 무게는 약 250~350그램 정도이다. 심장 안은 오른심방, 오른심실, 왼심방, 왼심실이라는 4개의 방으로 나뉘어져 있다. 오른심방과 오른심실은 전신을 돌아 심장으로 돌아온 혈액을 허파로 내보내고 왼심방과 왼심실은 허파에서 되돌아온 혈액을 전신으로 내보낸다. 허파 근처에 있는 오른심실은 혈액을 보내는 데 그다지 강한 힘이 필요하지 않지만, 왼심실은 머리끝에서 발끝까지 혈액을 전달하는 역할을 하므로 강하게 내보낼 힘이 필요하다. 그래서 심장은 왼쪽이 강하게 뛰는 것이다. 해부학 도감 등에서는 앞에서 본 심장은 오른심실 쪽이 크고 왼심실은 작게 그려져 있는 경우가 많다(앞 페이지 위 그림 참조). 하지만 실제로 크기에는 차이가 없다. 심실의 위쪽 표면은 뒤쪽으로 기울어져 있다. 그렇기 때문에 앞에서 보면 앞쪽이 커 보인다. 더욱이 심장은 왼쪽으로 틀어져 있기 때문에 앞쪽으로 나와 있는 오른심실이 크고 왼심실이 작게 보이는 것이다.

심장은 좌우 대칭이 아니다

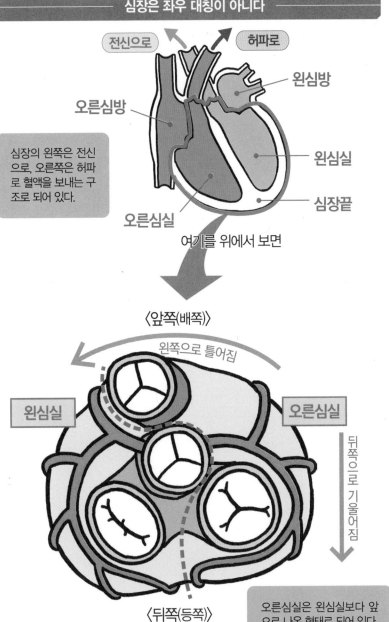

전신으로

허파로

왼심방

오른심방

심장의 왼쪽은 전신으로, 오른쪽은 허파로 혈액을 보내는 구조로 되어 있다.

왼심실

심장끝

오른심실

여기를 위에서 보면

〈앞쪽(배쪽)〉

왼쪽으로 틀어짐

왼심실

오른심실

뒤쪽으로 기울어짐

〈뒤쪽(등쪽)〉

오른심실은 왼심실보다 앞으로 나온 형태로 되어 있다.

19 저혈압과 고혈압은 무엇을 의미할까?

> 혈압 이상은 몸에 문제가 생기고 있다는 신호이다

✦ 저혈압은 몸에 충분한 혈액이 순환되지 않는다

혈압은 심장이 내보내는 혈액에 의해 동맥이 눌리고 펴질 때 생기는 압력을 말한다. 혈압계에 표시되는 '최고 혈압'은 심장 근육이 꽉 수축된 상태에서 혈액을 내보낼 때 생기는 압력을 말한다. 한편 '최저 혈압'은 심장 근육이 가장 넓어졌을 때의 압력을 말한다.

혈압이 보통 사람보다 낮은 경향인 경우를 '저혈압'이라고 하는데, 저혈압일 때는 몸에 충분한 혈액이 돌지 못한다. 그렇기 때문에 몸에 산소가 충분히 도달하지 못해 어지럽거나 아침에 일어나자마자 바로 움직일 수 없게 된다. 저혈압에는 국제적인 진단 기준이 없지만, 일반적으로 최고 혈압이 100mmHg 이하인 경우를 '저혈압'이라고 진단하는 경우가 많다.

✦ 고혈압은 동맥경화나 심근경색의 위험이 높아진다

우리 몸은 운동이나 환경 변화에 따라 혈압이 항상 오르내린다. 운동 시에는 몸이 산소를 필요로 하기 때문에 혈압이 올라가고 스트레스나 감정의 동요 등도 혈압을 상승시킨다. 이처럼 일시적인 혈압의 상승은 누구에게나 나타나지만, 질병 때문에 혈압이 올라가는 경우도 있다. 그중 문제가 되는 것은 생활습관성 질병인 고혈압이다. 고혈압이 계속되면 혈관에 손상을 주고 혈관 벽이 굳어져 좁아지는 '동맥경화'나 심장의 혈관이 막혀 혈액이 흐르지 않게 되는 '심근경색'을 일으키는 일도 있다. 고혈압의 진단 기준은 최고 혈압이 140mmHg 이상, 최저 혈압이 90mmHg 이상이다.

혈압은 오르내린다

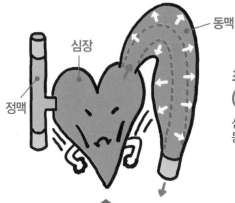

동맥
심장
정맥

최고 혈압 (수축기 혈압)

심장이 수축하여 혈액을 내보낼 때 동맥의 압력(혈압)이 높아진다.

반복

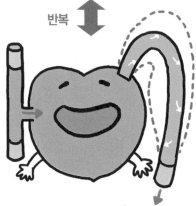

최저 혈압 (확장기 혈압)

혈액을 넣어 심장이 확장될 때 동맥의 압력(혈압)이 낮아진다.

생활 속에서도 달라지는 혈압

고 저

혈압은 몸을 활발하게 움직일 때는 높고, 푹 쉬고 있을 때는 낮아진다.

저혈압과 고혈압은 무엇을 의미할까?

20 혈액형은 어떻게 감별하는 걸까?

적혈구 표면에 있는 당사슬의 차이로 구별하고 있다

+ 가장 일반적인 감별법은 ABO식

혈액에는 몇 가지 분류 방법이 있지만, 가장 널리 사용되는 것은 1900년에 오스트리아에서 발견된 'ABO식'이라는 방법이다. 혈액을 만드는 적혈구에는 표면에 있는 '당사슬(sugar chain)'의 구조에 차이가 있는데, ABO식 혈액형은 이 당사슬에 의해 정해진다. O형인 사람의 당사슬은 'H형 물질'이라고 하는데, 여기서 'H'는 'Human'을 말한다. 혈액형이 A형인 사람의 적혈구에는 H형 물질의 끝에 A형 물질이 붙어 있고, B형이 사람의 적혈구에는 'B형 물질'이 붙어 있다. 한편 AB형인 사람에게는 'A형 물질'과 'B형 물질'이 둘 다 붙어 있다.

+ O형의 'O'는 '없음'을 뜻한다

A, B 다음에는 O형이 아니라 C형이 나올 것 같지만, O형이 된 이유는 O형인 사람의 당사슬은 'H형 물질'만 있고 'A형 물질'이나 'B형 물질'이 붙어 있지 않기 때문이다. 그렇다면 왜 'O'라고 했을까? 그 이유는 독일어로 '없음'을 뜻하는 'Ohne(오네)'의 첫 글자를 땄기 때문이다. O형인 사람은 기본형인 'H형 물질'만 갖고 있기 때문에 O형 혈액은 만능 혈액형으로 어떤 혈액형의 사람에게도 수혈이 가능하다. 하지만 대량으로 수혈할 경우는 응혈이나 용혈이 생기기 때문에 현재는 긴급 시를 제외하고는 다른 혈액형에게는 수혈할 수 없다는 원칙이 생겼다. 또 ABO식 외에 대표적인 혈액형 분류법으로는 Rh식이 있다. 주로 '플러스'와 '마이너스'로 나뉘는데, 한국인은 99.5%가 Rh 플러스라고 한다.

ABO식 감별로 본 혈액형의 차이

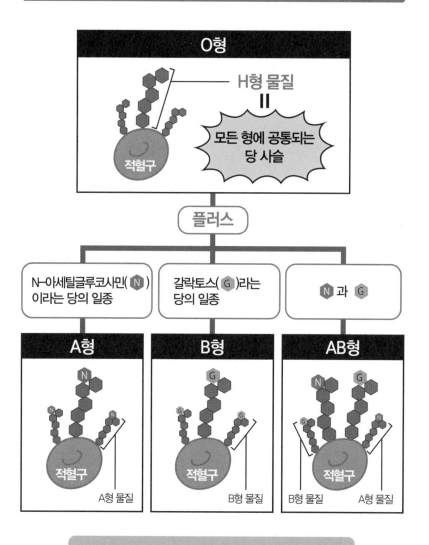

O형

H형 물질
=
모든 형에 공통되는
당 사슬

적혈구

플러스

N-아세틸글루코사민(N)
이라는 당의 일종

갈락토스(G)라는
당의 일종

N 과 G

A형

적혈구

A형 물질

B형

적혈구

B형 물질

AB형

적혈구

B형 물질   A형 물질

이러한 당사슬의 형은 유전에 의해 부모에게서 자식에게 상
속된다. 한국에는 A형인 사람이 가장 많고 AB형이 가장 적다.
미국과 같이 O형인 사람이 가장 많은 나라도 있다.

혈액형은 어떻게 감별하는 걸까?

21 지라는 잘라내도 괜찮다는데 정말일까?

괜찮지만 지라는 건강에 기여하고 있다

✦ 달리기를 했을 때 아파오는 왼쪽 옆구리에 있는 장기

우리 몸 안에는 이름은 알려져 있지만 그 역할에 대해서는 잘 알려져 있지 않은 장기가 몇 개 있다. 그 대표적인 것이 '지라(비장)'이다.

지라는 왼쪽 옆구리에 있는 누에콩 모양을 한 스폰지 상태의 부드러운 장기로, 길이는 약 10센티미터이고, 무게는 약 100~150그램 정도이다. 갑자기 뛸 때 왼쪽 옆구리가 아파오는 경험이 있을 것이다. 그 원인은 운동을 할 때는 산소가 많이 필요한데, 근육 등에 많은 혈액을 보내려고 과잉 작용하여 지라가 수축되기 때문이라는 설이 있다.

✦ 오래된 적혈구를 파괴하고 면역계를 담당하는 역할

지라의 내부에는 '적비수'와 '백비수'라는 두 조직이 있으며 대부분이 혈액으로 채워져 있다. 적비수는 오래된 적혈구를 파괴하고 재이용할 수 있는 성분을 회수한 후 남은 것을 간으로 보내 처리하도록 하고 있다. 백비수는 백혈구가 작용하여 감염에 대한 방어를 담당하는 면역계 기관이다. 병원체와 싸우기 위한 항체를 만들고 몸의 면역력을 향상시키는 역할을 하고 있다. 하지만 이런 역할은 지라가 아닌 다른 장기에서도 일어나므로 병이나 사고 등으로 인해 지라를 적출해도 대부분의 경우 별다른 곤란 없이 생활할 수 있다. 따라서 없어도 살 수 있다고는 하지만, 최근에는 지라에 많이 비축되어 있는 백혈구의 일종인 림프구가 심근경색과 같은 손상을 받은 심장을 회복시키는 효력을 갖고 있다는 것이 밝혀졌다.

왼쪽 옆구리에 있는 지라의 역할

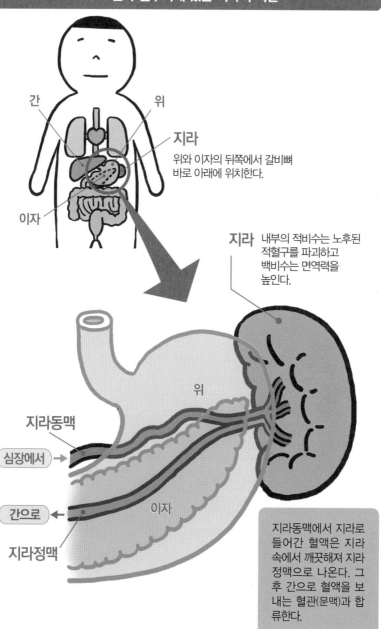

간

위

지라
위와 이자의 뒤쪽에서 갈비뼈 바로 아래에 위치한다.

이자

지라 내부의 적비수는 노후된 적혈구를 파괴하고 백비수는 면역력을 높인다.

위

지라동맥

심장에서 →

간으로 ←

이자

지라정맥

지라동맥에서 지라로 들어간 혈액은 지라 속에서 깨끗해져 지라 정맥으로 나온다. 그 후 간으로 혈액을 보내는 혈관(문맥)과 합류한다.

지라는 절라내도 괜찮다는데 정말일까?

육안으로만 관찰해 혈액의 순환을 밝혀 낸 하비

베살리우스가 자신의 손으로 인체를 해부하고 실증에 기초하여 1543년에 『인체의 구조(파브리카)』를 출판한 이후에도 갈레노스의 권위는 계속 유지되었다.

심장은 혈액을 보내는 펌프이며 밀려 나온 혈액이 전신을 순환한다는 것(혈액순환설)은 누구나 아는 상식이다. 하지만 당시의 사람들은 혈액이 전신에 뻗어 있는 혈관 안을 밀물과 썰물처럼 오간다는 갈레노스의 학설을 믿고 있었다. 혈액순환에 관해서는 인체를 자연 그대로 탐구한 베살리우스조차도 갈레노스 설을 의심하지 못했다.

혈액순환설의 원리를 발견한 것은 영국의 의사인 윌리엄 하비(1578~1657)이다. 당시 영국은 의학의 후진국이었기 때문에 하비는 이탈리아의 파도바 대학에 유학하여 베살리우스의 제자의 제자에 해당하는 파브리키우스로부터 해부학을 배웠다. 유학에서 돌아오자 하비는 임상의로서 실력을 키웠고 파도바에서 돌아온 25년 후인 1628년에 『심장과 혈액의 운동』이라는 책을 출판해 혈액순환설을 처음으로 주장했다.

이 책에는 그림이 적고 베살리우스의 〈파브리카〉와 같은 해부도는 사용하지 않았다. 하비가 살던 시대에는 현미경이 없어 동맥과 정맥을 잇는 모세혈관의 존재를 아무도 보지 못했기 때문이다.

하지만 하비는 『심장과 혈액의 운동』이라는 책에서 심장은 혈액을 내보내는 펌프와 같고 동맥은 혈액을 전신으로 운반하며 정맥은 심장을 향해 혈액을 되돌린다고 하였다. 또한 판막이 작용하여 혈액이 역류하지 않는다와 같은 사실을 육안으로만 관찰해 이를 토대로 철저히 실증해 보였다.

제 3 장

소화와 호흡에 관한
수수께끼

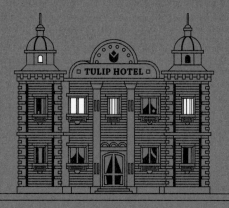

22 왜 음식물이 목에 걸릴까?

> 식도와 기도 전환에 실패하면 목에 걸린다

✛ 동물의 식도와 기도는 완전히 분리되어 있다

뭔가 급하게 먹으면 음식물이 목에 걸리는 경우가 있는데, 사람 이
외의 포유류에는 일어나지 않는다. 왜냐하면 목의 구조가 다르기 때문
이다. 사람 이외의 포유류의 목은 음식물이 통하는 길인 식도와 공기가
통하는 길인 기도가 완전히 분리되어 입체적으로 교차되어 있다. 코로
들어간 공기는 후두, 입에서 들어간 음식물은 식도로 들어가므로 음식
물이 문제 없이 흘러간다. 한편, 사람은 목 부분에서 식도와 기도가 합쳐져 있
기 때문에 교통 정리를 할 필요가 있다.

✛ 사람이 말할 수 있는 것은 전환 방식을 채택하고 있기 때문이다

목에는 '물렁입천장'과 '후두덮개'라는 두 개의 뚜껑이 붙어 있다. 이
뚜껑을 선로의 레일을 전환하듯이 열었다가 닫아 음식물은 식도로, 공
기는 기도로 나눠 보내는 것이다. 예를 들어 음식물을 삼켰을 때는 물
렁입천장과 후두덮개가 기도로 가는 뚜껑이 되어 식도로 가는 통로를
확보한다. 호흡할 때는 후두덮개가 위로 올라가 기도의 입구를 연다. 이
런 전환 장치가 잘 작동하지 않으면 음식물이 후두에 걸려 막히거나 기관지로 들
어가 목이 막히는 사고가 일어나는 것이다. 불편하지만 장점도 있다. 바로
목소리를 낼 수 있다는 것이다. 소리를 내기 위해서는 성대를 진동시켜
음파를 만들어야 하는데, 이 음파는 코가 아니라 입 안에서 공명시켜야
소리가 나온다. 사람의 목은 전환 방식으로 되어 있기 때문에 목소리를
낼 수 있어 언어를 획득할 수 있게 된 것이다.

식도와 기도의 전환

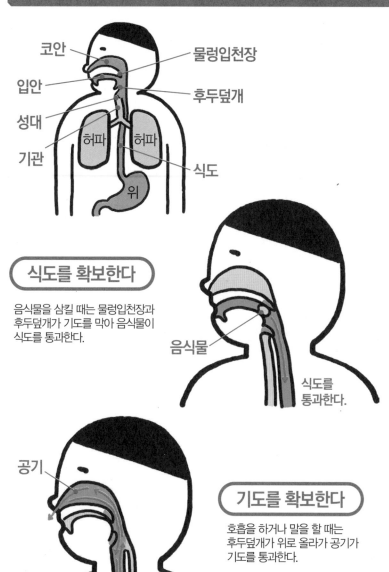

코안
입안
성대
기관
물렁입천장
후두덮개
허파 허파
식도
위

왜 음식물이 목에 걸릴까?

식도를 확보한다

음식물을 삼킬 때는 물렁입천장과
후두덮개가 기도를 막아 음식물이
식도를 통과한다.

음식물

식도를
통과한다.

공기

기도를 확보한다

호흡을 하거나 말을 할 때는
후두덮개가 위로 올라가 공기가
기도를 통과한다.

기도를
통과한다.

23 위에 들어갈 수 있는 양은 얼마나 될까?

위의 용량은 성인의 경우 맥주 2~3병 정도이다

+ 위는 음식물을 일시적으로 보관하는 저장고이다

위의 역할을 물어보면 대부분의 사람들은 '음식물을 소화시키는 것'이라고 대답할지 모르지만, 실제로는 조금 다르다. 위의 가장 중요한 역할은 음식물을 일시적으로 저장하는 것이다.

위의 용량은 성인의 경우 1.2리터에서 1.6리터 정도이다. 맥주병으로 치면 약 2~3병 정도가 들어간다. 1~2살 아기가 한 번에 먹을 수 있는 양은 0.5리터 정도이다. 하지만 위가 처음부터 이런 크기를 하고 있어서 음식물을 저장하는 것은 아니다. 위 안이 비어 있을 때는 야구공과 비슷한 정도의 크기이지만 식사를 할 때 먹은 양에 맞게 커지는 것이다. 여기에 보존한 음식물을 소독 및 살균하면서 조금씩 소화시켜 감으로써 계속 먹어야 하는 사태를 피하고 있다.

+ 음식물이 통과하는 시간이 길면 체하게 된다

위 벽에는 바깥세로근육층, 중간돌림근육층, 속빗근육층이라는 세 개의 근육이 뻗어 있다. 이 근육들이 세로, 가로, 비스듬히 수축함으로써 위가 움직이고 음식물이 소화에 필요한 위액과 죽처럼 뒤섞인다. 하루에 분비되는 위액의 양은 약 2리터이다. 음식물이 위를 통과하는 시간은 음식물의 종류에 따라 다르지만, 통상 2~4시간 정도이다. 찬 것과 부드러운 것은 빨라지고, 따뜻한 것과 딱딱한 것, 기름기가 많은 것은 느려진다. 기름진 음식을 먹으면 잘 체하는 이유는 위를 통과하는 시간이 길기 때문이다.

위의 구조와 크기

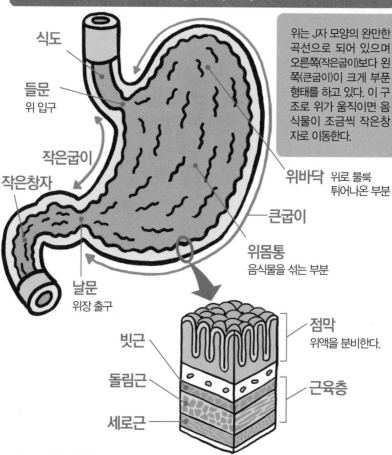

식도

들문
위 입구

작은굽이

작은창자

날문
위장 출구

위는 J자 모양의 완만한 곡선으로 되어 있으며 오른쪽(작은굽이)보다 왼쪽(큰굽이)이 크게 부푼 형태를 하고 있다. 이 구조로 위가 움직이면 음식물이 조금씩 작은창자로 이동한다.

위바닥 위로 불룩 튀어나온 부분

큰굽이

위몸통
음식물을 섞는 부분

빗근

돌림근

세로근

점막
위액을 분비한다.

근육층

위에 들어갈 수 있는 양은 얼마나 될까?

위의 크기

위의 용량은 성장과 함께 커져 태어나 성인이 될 때까지 2~3배 이상이 된다.

1~2살
0.5ℓ

10살
1.0ℓ

성인
1.2~1.6ℓ

24 트림은 왜 나오는 걸까?

위가 내부의 압력을 내리려고 하기 때문이다

+ 트림의 정체는 삼킨 공기이다

밥을 먹은 후에 나오는 트림은 도대체 왜 나오는 것일까? 그 정체를 알려면 식도에 가까운 위의 상부에서 주머니 모양을 한 '위저(胃底, 위바닥)'가 열쇠를 쥐고 있다. 그런데 위의 위쪽 부분에 있는데, '위바닥'이라고 부르는 것은 좀 이상하게 들릴지 모르지만, 이는 라틴어에서 유래했기 때문이다. 라틴어로 '저(底)'에는 '속'이라는 의미가 있는데, 해부학적으로 위쪽이 아닌 아래쪽부터 배를 열고 수술을 했을 때 위 안에서 가장 속에 위치해 있기 때문에 '위바닥'이라고 하는 것이다. 위바닥에는 공기나 가스가 쌓이기 쉬워 음식물과 함께 삼킨 공기가 쌓인다. 또 트림은 탄산음료를 마신 후에 잘 나오는데, 그 이유는 탄산가스도 위바닥에 쌓이기 때문이다. 이렇게 쌓인 공기나 가스가 일정량에 달해 위 안의 압력이 올라가면 압력을 낮추기 위해 들문이 열린다. 그러면 위바닥에 쌓인 기체가 식도를 올라와 입으로 나온다. 이것이 바로 '트림'이다.

+ 트림을 참으면 방귀가 된다

트림은 위의 가스 배출이라고도 할 수 있는데, 트림을 참으면 어떻게 될까? 위바닥에 쌓인 공기나 가스가 위쪽 배출구를 잃어버려 결국 장으로 이동하여 방귀가 된다. 참고로 소와 같은 초식동물도 트림을 자주 하는데, 이에는 메탄가스가 포함되어 있어서 지구온난화의 원인 중 하나가 된다고 한다.

트림이 나오는 원리

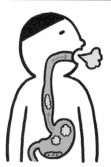

위에 많이 쌓인 가스가 위를 나와 식도를
올라가 입으로 나오는 것이 트림이다.

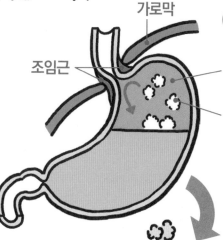

가로막

닫힌 들문

조임근

위바닥(위저)

위바닥에 쌓인 공기나
탄산가스

판막과 같은 기능을 하는 조임근이
들문을 닫고 있어 공기나 가스는
식도로 올라가지 않는다.

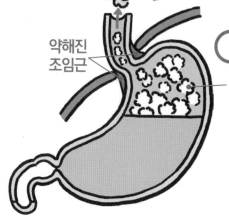

약해진
조임근

들문이 열린다

일정량을 초과한
공기나 탄산가스

조임근이 일시적으로
풀려 공기나 가스가
식도로 올라간다.
위 안의 압력은 내려간다.

25 작은창자의 길이는 얼마나 될까?

> 인체에서 가장 긴 장기로, 펼치면 6~7미터가 된다

+ 장에서 엉키지 않는 이유는 창자간막 덕분이다

작은창자는 '샘창자(십이지장)', '빈창자', '돌창자'로 이루어진 소화기관이다. 샘창자를 제외하면 작은창자 중 앞 40%가 빈창자, 뒤 60%가 돌창자로, 돌창자가 약간 더 길다. **작은창자는 몸 안에서 접혀 있어서 3미터 정도이지만, 접힌 것을 펼치면 길이가 6~7미터 정도 된다.** 이렇게 길이가 길어도 작은창자가 엉키는 일 없이 배 안에 쏙 들어가 활동할 수 있는 이유는 '창자간막' 덕분이다. 창자간막은 작은창자를 감싸고 지지하고 있는 얇은 막으로, 뒤배벽에서부터 커튼처럼 드리워져 있다. 창자간막의 아랫부분에는 주름이 많아 창자간막으로 감싸져 있는 작은창자는 길이가 6~7미터라도 충분히 들어간다. 또 작은창자가 아래로 축 처지지 않는 이유도 창자간막이 매달아 올리고 있기 때문이다.

+ 작은창자의 주된 역할은 영양소의 소화 흡수

작은창자의 역할은 주로 두 가지로, 하나는 위에서 보내온 죽 상태의 소화물을 보다 잘게 분해하여 최종적으로 소화시키는 것이다. 작은창자에 도달한 죽 상태의 음식물은 몇 시간에 걸쳐 샘창자에서 돌창자 출구까지 이동한다. 그동안 영양소나 수분의 흡수가 일어난다. **영양소의 흡수는 주로 빈창자에서 일어난다.** 작은창자의 또 다른 역할은 수분을 흡수하고 나서 큰창자로 보내는 것이다. 수분은 음식물에서 섭취하는 것은 물론 체내에서 분비되는 침이나 위액, 쓸개즙 등도 흡수된다. 이렇게 장에 들어간 수분의 약 80%는 작은창자, 나머지는 큰창자에서 흡수된다.

길고 긴 소화관 '작은창자'

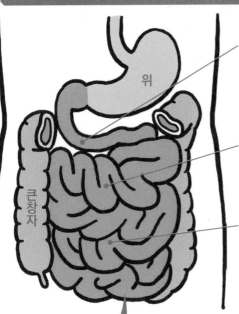

위

샘창자

작은창자의 시작
부분으로 손가락을
옆으로 12개 나열한
길이라고 한다.

빈창자

샘창자를 제외한
작은창자 중 앞 40%

돌창자

샘창자를 제외한
작은창자 중 뒤 60%

작은창자

큰창자

61

몸 밖으로 꺼내
펼치면….

6〜7미터나 된다!

옆에서 본 복부 단면

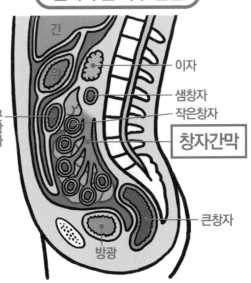

간

위

이자

샘창자

작은창자

창자간막

큰창자

큰창자

방광

26 음식물이 소화·흡수되는 데 걸리는 시간은 얼마일까?

음식물의 소화와 흡수의 여정은 약 하루

＋ 소화의 역할은 입, 위, 작은창자가 담당한다

먹은 것을 여러 기관의 작용과 소화액에 의해 화학반응을 일으켜 몸으로 흡수되기 쉬운 형태로 분해되는 것을 '소화'라고 한다. 사람이 소화를 시키는 이유는 음식물에 들어 있는 영양소의 성분(분자)이 너무 크면 흡수할 수 없기 때문이다. 흡수할 수 있는 상태나 물질로 바꾸기(소화시키기) 위해 작용하는 기관이 입과 위, 작은창자이다. 음식물은 입으로 들어가 이로 잘게 씹은 다음 침과 섞여 식도를 통해 위로 향한다. 위 안에서 일시적으로 저장된 음식물은 위액과 소화액에 의해 소독·살균되어 걸쭉한 죽 상태가 된다. 위에서 죽 상태로 된 음식물은 몸 안에서 가장 긴 소화와 흡수의 중심 기관인 작은창자로 보내진다. 음식물 안의 영양분은 작은창자의 시작인 샘창자에서 분해되어 몸으로 흡수되기 쉬운 형태로 바뀐다.

＋ 작은창자에서 효율적으로 소화 흡수된 후 큰창자로

작은창자에서 체내에 흡수되기 쉬워질 때까지 분해된 영양분은 작은창자의 내벽에서 영양소가 흡수된다. 그 내벽에는 수많은 주름이 있고 표면은 융모라는 돌기로 덮여 있는 벨벳 같은 모양을 하고 있다. 돌기 표면까지 더하면 작은창자의 표면적은 사람의 체표면적의 5배에 달하는데, 여기에서 영양분을 효율적으로 소화하고 흡수한다. 이로써 영양소가 흡수된 음식물 찌꺼기는 큰창자로 들어가 다시 수분이 흡수된 후 마지막으로 변이 된다. 소화는 위와 작은창자에서 각각 약 2~4시간, 큰창자에서 약 15시간, 합하면 약 하루가 걸린다. 소화되기 힘든 음식물은 이틀이 걸리는 경우도 있다.

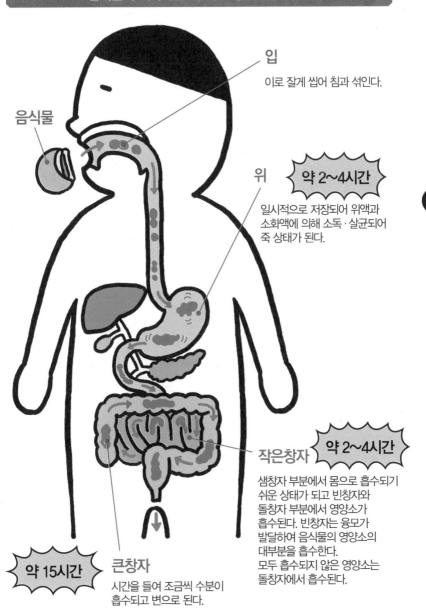

음식물이 지나가는 약 하루 동안의 소화 여정

입
이로 잘게 씹어 침과 섞인다.

음식물

위

약 2~4시간
일시적으로 저장되어 위액과 소화액에 의해 소독·살균되어 죽 상태가 된다.

작은창자

약 2~4시간
샘창자 부분에서 몸으로 흡수되기 쉬운 상태가 되고 빈창자와 돌창자 부분에서 영양소가 흡수된다. 빈창자는 융모가 발달하여 음식물의 영양소의 대부분을 흡수한다.
모두 흡수되지 않은 영양소는 돌창자에서 흡수된다.

약 15시간

큰창자
시간을 들여 조금씩 수분이 흡수되고 변으로 된다.

63

음식물이 소화·흡수되는 데 걸리는 시간은 얼마일까?

27 창자는 '모양이 자유자재'라던데 그 이유는 뭘까?

창자는 뼈로 둘러싸여 있지 않기 때문에 움직이기 쉽다

✛ 창자를 보호하고 있는 것은 복근과 같은 근육이다

큰창자는 식도에서 시작되는 소화관의 마지막 부분으로 막창자, 잘록창자, 곧창자로 이루어진 길이 약 1.5미터의 관이다.

인체해부도 등에서는 큰창자가 작은창자를 에워싸면서 보기 좋게 들어앉아 있는 것처럼 보이지만, 실제로 몸 안에서는 큰창자와 작은창자의 구분이 힘들 정도로 매우 복잡하게 굽어져 있다. 창자가 굽어진 형태는 사람마다 다르며 모양이 '자유자재'로 바뀐다. 그 이유는 뼈로 둘러싸여 보호받고 있는 다른 많은 장기와 달리, 배에 있는 창자는 뼈로 둘러싸여 있지 않기 때문이다. 우리가 먹은 음식물은 꿈틀운동에 의해 식도에서 곧창자까지 리드미컬한 근육의 수축으로 입에서 항문으로 보내진다. 배를 딱딱한 뼈로 둘러싸버리면 꿈틀운동을 잘할 수 없기 때문에 그 대신 배의 장기는 배근육을 비롯한 많은 근육이 둘러싸 보호하고 있는 것이다.

✛ 큰창자에는 소화 기능이 없다

큰창자의 역할은 작은창자에서 보내 온 음식물 찌꺼기(소화물)에서 수분을 흡수하여 딱딱한 변을 만드는 것이지만, 사실은 음식물 찌꺼기에도 아직 소화되지 않고 남은 영양분이 약간 들어 있다. 그럼에도 불구하고 큰창자 자체에는 소화 능력이 갖추어져 있지 않다. 그 대신에 이를 분해하는 것이 큰창자에 붙어 사는 장내 세균이다. 사람이 자신의 힘으로 소화할 수 없는 물질을 장내 세균이 처리해 주는 것이다.

창자는 뼈로 둘러싸여 있지 않다

창자(큰창자와 작은창자)는 갈비뼈와 골반 사이의 배에 들어 있어 뼈로 둘러싸여 있지 않다.

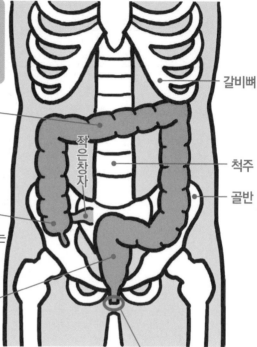

갈비뼈

척주

골반

잘록창자
큰창자의 주요 부분.
위아래, 옆, 비스듬히
굽이굽이 굽어져 있다.

작은창자

막창자
큰창자의 시작 부분.
하루에 약 1.5리터나 되는
소화물을 작은창자에서
보내 온다.

곧창자
큰창자의 말단 부분.
잘록창자에서 보내온 음식물
찌꺼기(변)를 일시 저장한다.

항문
변을 내보내는 부분.
보통은 닫혀 있다.

큰창자

65

창자는 '모양'이 자유자재로 변한다고 이유는 뭘까?

괜찮아.
괜찮아.

자유자재로 바뀌는 창자

허리를 잘록하게 강조하는 옷을 입을 수 있는 이유는 창자가 뼈의 간섭을 받지 않고 움직일 수 있기 때문이다.

28 잘 때 변이 새지 않는 이유는 뭘까?

뇌와 항문의 조임근이 기능하기 때문이다

+ 바깥항문조임근은 자유의지로 열고 닫을 수 있다

곧창자와 연결된 항문은 소화관의 종착지에 해당하며 변을 배설하는 역할을 담당한다. 항문은 사람의 의지와 관계없이 작용하는 속항문조임근과 자유의지로 열고 닫을 수 있는 바깥항문조임근, 이 두 개의 근육이 지키고 있다. 변이 무의식적으로 새지 않는 이유는 이러한 구조로 되어 있기 때문이다.

직장으로 변이 보내져 일정 이상의 내압이 올라가면 그 자극이 척수에 전달되어 배변 반사가 일어나고 무의식적으로 속항문조임근이 느슨해져 변이 마려워진다. 그렇지만 변이 새지 않고 화장실까지 참을 수 있는 이유는 자신의 의지로 바깥항문조임근을 조이고 있기 때문이다. 또 잘 때 변이 새지 않는 이유도 뇌에서 바깥항문조임근에 폐쇄 지령이 내려져 있기 때문이다.

+ 항문 주위의 병 '치질'에는 네 가지 종류가 있다.

항문 주변의 정맥에는 역류를 막는 정맥판막이 없기 때문에 항문에는 정맥혈이 모이기 쉽다. 이것이 울혈을 일으키면 치핵이 된다. 이른바 '치질'이다. 즉, 치질은 혈액순환이 좋지 않아 일어나는 병이라고 할 수 있다. 치질에는 네 가지 종류가 있는데, 항문 안쪽에 치질이 생기는 것이 '속치핵', 바깥쪽에 생기는 것이 '바깥치핵'이다. 세 번째는 변비 등으로 딱딱한 변이 나올 때 항문의 피부가 갈라지는 '갈림(치열)'이다. 남성에게 많은 '샛길(치루)'도 있다. 이는 항문 주위에 상처가 반복적으로 생겨 곧창자와 항문 주위의 피부를 잇는 하나의 터널이 생겨버린 것이다. 스트레스나 알코올 섭취에 따른 설사 등도 원인이 된다고 한다.

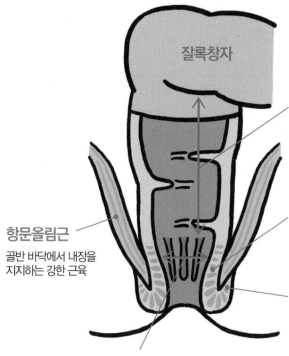

항문의 구조와 기능

잘록창자

곧창자
변을 일시적으로
저장한다.

항문올림근
골반 바닥에서 내장을
지지하는 강한 근육

속항문조임근
(내항문괄약근)
항문을 열고 닫는 근육.
무의식적으로 움직인다.

바깥항문조임근
(외항문괄약근)
항문을 열고 닫는 근육.
자유의지로 움직일 수 있다.

항문기둥과 항문굴
점막의 주름으로 조임근과 함께 작용하여
항문을 확실하게 조이는 역할을 한다.

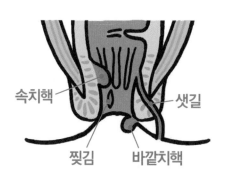

속치핵

샛길

찢김

바깥치핵

4가지 치질

속치핵과 바깥치핵은 '치질', 찢김은
'치열'이라고 한다.

TULIP HOTEL

67

변 볼 때 변이 새지 않는 이유는 뭘까?

29 간은 어떤 역할을 할까?

> 체내 물질의 분해, 합성, 해독, 저장 등

+ 알코올이나 약의 분해·해독도 한다

간은 사람 몸 중에서 가장 큰 장기로, 무게는 1~1.5킬로그램, 길이는 좌우 약 25센티미터, 상하 약 15센티미터이며, 두께는 7센티미터 정도나 된다. 영양소의 변환이나 유해물질의 분해 등 다양한 화학반응을 수행하는 '간세포'로 이루어져 있다. 간에는 1분 동안 약 1~1.8리터의 혈액이 흘러 들어가고, 간세포는 소화기가 흡수한 영양분을 몸에 적합한 성분으로 분해·합성하거나 영양분의 저축 외에 알코올이나 약과 같은 유해물질의 해독하거나 노폐물을 버리는 담즙을 하루에 약 1리터나 생산한다. 하나의 장기가 여러 가지 일을 하고 있는 몸 안의 화학공장이라 할 수 있다.

+ 다른 장기와 다른 점은 재생 능력이 뛰어나다는 점

그중 가장 중요한 역할은 영양분의 화학 처리를 하는 것이다. 식사로 섭취한 영양소는 체내에서 그대로 사용할 수 있는 것이 아니라 장 안에서 단당류로 분해한 후 간으로 보내진다. 간에서는 이를 포도당이라는 에너지로 바꾸고 이를 혈액 속으로 방출하여 전신에 공급한다. 또 간은 여분의 포도당을 글리코겐(단당류 집합체)으로 바꿔 간에 비축하는 저장고 역할도 한다. 글리코겐은 필요해지면 포도당으로 되돌아가 전신의 세포에 전달된다. 특히 간은 재생 능력이 극히 높다. 수술로 간의 4분의 3을 절제해도 남은 간이 건강하다면 한 달도 되지 않아 원래 크기로 되돌아가는 등 재생 기능을 갖고 있는 유일한 장기이다.

대량의 혈액이 출입하는 간

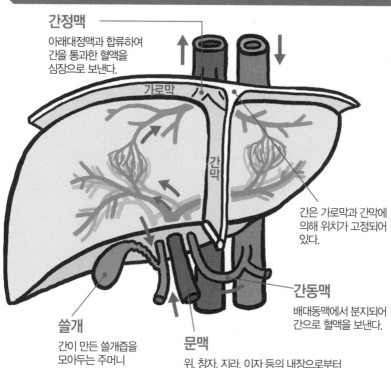

간정맥

아래대정맥과 합류하여 간을 통과한 혈액을 심장으로 보낸다.

가로막

간막

69

간은 가로막과 간막에 의해 위치가 고정되어 있다.

간동맥

배대동맥에서 분지되어 간으로 혈액을 보낸다.

쓸개

간이 만든 쓸개즙을 모아두는 주머니

문맥

위, 창자, 지라, 이자 등의 내장으로부터 혈액을 모아 간으로 보낸다.

간의 주요 기능

분해, 합성	흡수한 영양소를 몸에 맞는 성분으로 바꾼다.
해독	체내의 유해물질을 분해한다.
쓸개즙 배설	체내의 노폐물을 쓸개즙 안에 버린다. 쓸개즙은 소화를 돕는다.
저장	영양소를 만들어 일시적으로 저장한다.

연중무휴 화학공장이야.

30 이자는 왜 오장육부에 안 들어갈까?

몸 안쪽에 있어서 존재감이 약하기 때문에

+ 찾기 어려워 잊힌 이자

맛있는 요리나 술을 맛보고 죽었다 살아 돌아온 것 같은 기분을 느꼈을 때 "오장육부에 스민다."라고 한다. 이 말은 중국의 전통 의학에서 유래한 것으로, 여기서 오장은 간, 심장, 지라, 허파, 콩팥을 말한다. 그리고 육부는 큰창자, 작은창자, 쓸개, 위, 방광, 삼초(실체는 불분명)를 가리킨다. 현대 의학에서는 '이자(췌장)'라는 장기가 있어서 육부가 되지만, 왜 옛날에는 이자가 오장육부에 들어가지 않았을까?

이자는 위 뒤쪽에 있는데, 위와 등뼈 사이에 끼여 있듯이 위치(61쪽 아래 그림 참조)하기 때문에 옛날부터 그 존재가 알려져 있지 않았다고 한다. 이런 사실도 있어 "잊힌 장기"라고 부르는 경우도 있다.

+ 소화와 혈당치 컨트롤이라는 중요한 기능을 갖고 있다

이자는 오장육부에서 제외되긴 했지만, 사실은 두 가지 중요한 역할을 하고 있다. 하나는 전분이나 단백질, 지방과 같은 물질의 소화를 돕는 소화 효소를 갖고 있는 이자액을 만들어 작은창자로 분비하는 것이고 다른 하나는 혈액 속의 포도당치인 혈당치를 조절하는 것이다.

이자에 있는 '랑게르한스섬'이라는 기관의 세포는 당 대사에 필요한 인슐린과 글루카곤과 같은 호르몬이 분비하고 있다. 이자에서 인슐린이 분비되면 그 작용에 의해 포도당이 에너지로 이용된다. 한편 글루카곤은 혈당치가 내려갔을 때 작용하여 혈당치를 상승시킨다.

이자는 몸 깊은 곳에 있다

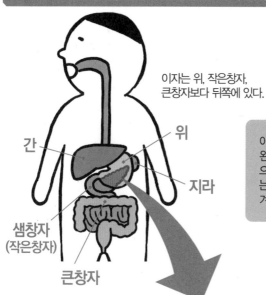

이자는 위, 작은창자,
큰창자보다 뒤쪽에 있다.

간

위

지라

샘창자
(작은창자)

큰창자

이자는 큰 혈관, 위, 창자,
왼콩팥 틈에 디귿 자 모양
으로 끼여 있다. 해부에서
는 위와 창자를 제거하면
겨우 보인다.

71

이자는 왜 오른쪽부에 안 들어갈까?

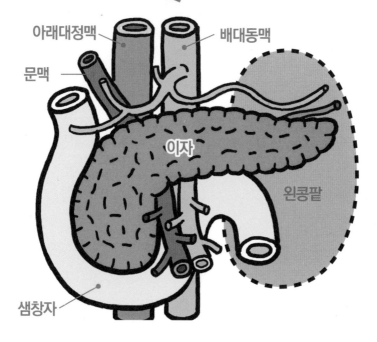

아래대정맥

배대동맥

문맥

이자

왼콩팥

샘창자

31 쓸개즙은 어떻게 작용할까?

샘창자로 흘러들어가 소화를 돕는다

✛ 간에서 만들어진 황갈색 액체가 쓸개즙이다

간과 샘창자를 연결하는 쓸개관의 중간에는 주머니 모양의 장기가 있다. 이것은 쓸개로 길이는 4~10센티미터, 용량은 40~70밀리리터 정도이다. 이 안에는 소화 시 사용되는 쓸개즙이 들어 있다.

쓸개즙에는 콜레스테롤이나 노후한 적혈구를 파괴했을 때 나오는 빌리루빈이라는 색소가 들어 있어 황갈색을 띠고 있다. 참고로 변의 색은 이 빌리루빈에서 나온다. 담즙산은 지질의 소화를 돕는다.

✛ 쓸개즙을 일시적으로 저장하고 그동안에 쓸개즙을 응축시킨다

간에서 만들어진 쓸개즙은 쓸개관을 통해 쓸개에 모여 비축하고 있는 동안 수분을 빼앗겨 진해진다. 그리고 음식물이 샘창자에 들어가면 그 자극으로 작은창자에서 소화관 호르몬이 분비되는데, 이를 신호로 쓸개즙을 내보내려고 쓸개가 움직이기 시작한다. 쓸개는 쓸개즙을 내보내기 위해 근육을 수축시킨다. 그러면 동시에 이자에서는 이자액 분비가 촉진되고 쓸개즙과 이자액이 샘창자로 흘러들어 간다. 그리고 음식물의 지방분이 분해된다. 지질이 많은 식사를 섭취하면 쓸개에서 쓸개즙이 대량 분비된다. 쓸개즙의 성분이 어떤 원인으로 인해 굳어져 생긴 결석(돌)이 '담석'으로, 복통을 일으키는 원인이 되는 등 몸에 이상이 생기는 경우가 있다. 일본인의 경우, 담석의 주 성분이 콜레스테롤인 '콜레스테롤 결석'이 많다고 한다. 이를 예방하려면 규칙적인 식생활을 하거나 콜레스테롤이나 지방분이 많은 식사를 삼가야 한다.

샘창자에 흘러들어가는 쓸개즙과 이자액

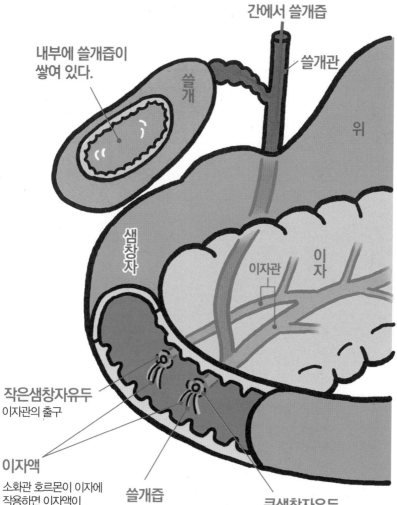

간에서 쓸개즙

쓸개관

내부에 쓸개즙이
쌓여 있다.

쓸개

위

쓸개즙은 어떻게 작용할까?

샘창자

이자관

이자

작은샘창자유두
이자관의 출구

이자액

소화관 호르몬이 이자에
작용하면 이자액이
샘창자로 흘러 들어온다.
이자액은 위산에 의해
산성화된 음식물을
중화시킨다.

쓸개즙

소화관 호르몬이 쓸개에
작용하면 쓸개즙이 샘창자로
흘러 들어온다. 지질이 많은
음식물을 먹으면 많이 나온다.

큰샘창자유두

쓸개관과 이자관의 출구

32 콩팥은 왜 2개일까?

한 쪽을 잃어도 중요한 일을 계속하기 위해

✚ 콩팥은 하나만 있어도 충분히 기능한다

사람의 몸에는 정수기처럼 작동하여 혈액을 깨끗하게 유지시켜 주는 장기가 있는데 이것은 바로 좌우 한 쌍으로 된 '콩팥'이다.

콩팥은 척추뼈 양쪽에서 배안쪽 벽의 지방 안에 묻혀 있다. 그리고 왼콩팥이 높고 오른콩팥은 약간 낮은 위치에 있다. 그 이유는 오른쪽에 있는 간으로 인해 내려가 있기 때문이다. **콩팥은 혈액 속의 수분을 건강하게 유지시키는 생명 유지에 있어서 매우 중요한 역할을 하기 때문에 만일을 대비해 여분으로 2개가 있다. 병으로 한 쪽을 잃어도 다른 한 쪽만으로 충분히 기능하도록 되어 있다.** 허파가 두 개 있는 것과 똑같은 이유라고 할 수 있다.

✚ 여과된 원뇨의 99%는 재흡수된다

콩팥에는 '네프론'이라는 특수한 관이 모여 있는데, 네프론은 흘러들어온 혈액에 포함된 여분의 수분이나 염분, 노폐물을 걸러 내는 작업을 하고 걸러 낸 것을 소변으로 배출한다. 즉, 소변은 원래 혈액이라는 것이다. 콩팥에는 좌우 합쳐 1분 동안 약 1리터, 하루에 약 1.5톤의 혈액이 보내진다. **네프론에서 여과된 혈액이 소변의 원료인 원뇨로, 그 양은 하루에 약 160리터가 되지만, 사실 최종적으로는 약 1%인 1.5리터 정도만 소변이 된다.** 99%의 원뇨 중의 수분이나 당, 염분, 칼슘, 비타민과 같은 성분은 네프론에서 재흡수되어 혈액 속으로 되돌아가기 때문이다.

콩팥의 위치와 작용

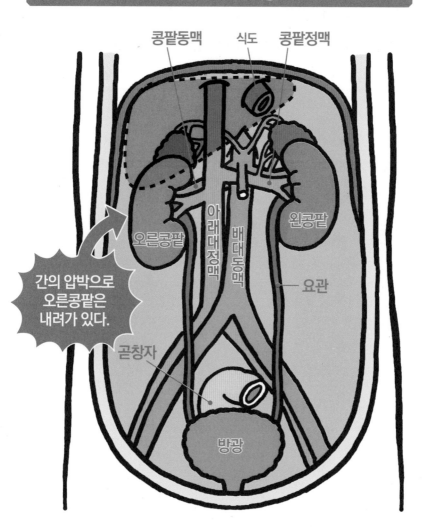

콩팥동맥   식도   콩팥정맥

간의 압박으로
오른콩팥은
내려가 있다.

아래대정맥

배대동맥

오른콩팥

왼콩팥

요관

곧창자

방광

심장에서 혈액이 콩팥동맥을 통해 콩팥에 들어가 재흡수와 여과가
일어난다. 깨끗해진 혈액은 콩팥정맥으로 들어가 심장으로 되돌아
간다. 여분의 성분은 소변이 되어 요관을 통해 배설된다.

33 때때로 소변 색이 바뀌는 이유는 뭘까?

> 체내의 염분 농도의 균형에 따라 색이 바뀐다

+ 체액량을 일정하게 유지시키는 것도 콩팥의 역할이다

더운 날 운동을 해서 땀을 많이 흘리면 평소보다 소변 색이 진하다. 소변 색이 때에 따라 바뀌는 이유는 무엇일까? **콩팥은 소변의 양과 성분을 조절하여 체액량과 성분을 일정하게 유지시켜 주는 중요한 역할을 한다.** 호흡을 하거나 혈액을 순환시키거나 전신의 세포가 움직일 때 체액의 질과 양이 일정해야 한다. 이것이 붕괴되면 세포는 움직일 수 없게 되어 죽어 버린다. 체액의 양은 순환하는 혈액의 양과 관계가 있는데 너무 많으면 고혈압, 너무 적으면 순환이 정체된다.

+ 소변 색으로 병을 알아 낼 수도 있다

콩팥의 기능 중 특히 중요한 것은 체내의 수분과 염분의 균형을 유지하는 것이다. 예를 들어 땀을 흘리지 않았는데 음료수를 많이 마셔 체내에 수분이 너무 많아지면 염분의 농도가 저하된다. 그러면 여분의 수분을 많이 포함한 옅은 색의 소변을 밖으로 내보내 염분 농도를 원래대로 되돌린다. **한편 땀을 많이 흘리거나 수분 보급이 부족할 때는 체내의 수분이 줄어들어 염분 농도가 올라간다. 이때는 염분을 많이 포함하고 수분은 적은 짙은 색의 소변을 내보내 균형을 유지하는 것이다.** 이 경우, 짙은 노란색의 소변이 나온다. 병으로 인해 색이 바뀌는 경우도 있다. 콩팥이나 방광에 병이 생긴 경우는 하얗고 탁한 소변이나 피가 섞인 빨간 소변이 나오는 경우가 있다. 또 짙은 녹색 소변이 나올 때는 간에 문제가 있을 가능성을 생각해 볼 수 있다.

콩팥이 체내의 염분 농도를 일정하게 유지시켜 주는 원리

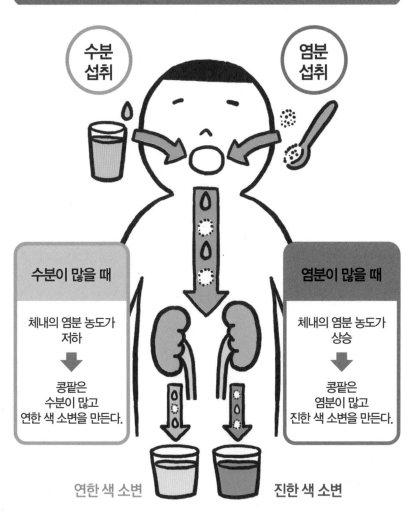

수분
섭취

염분
섭취

수분이 많을 때

체내의 염분 농도가
저하

⬇

콩팥은
수분이 많고
연한 색 소변을 만든다.

염분이 많을 때

체내의 염분 농도가
상승

⬇

콩팥은
염분이 많고
진한 색 소변을 만든다.

연한 색 소변   진한 색 소변

체내의 수분·염분의 균형으로 농도가 바뀐다.

때때로 소변 색이 바뀌는 이유는 뭘까?

34 방광의 용량은 얼마나 될까?

성인 남성의 경우 최대 600밀리리터 정도

+ 남성과 여성은 방광의 용량이 다르다

사람의 장기에는 풍선처럼 늘어나 커지는 것이 있는데, 그중 하나가 바로 '방광'이다. 방광은 근육으로 이루어진 주머니 모양의 장기로, 소변이 들어 있지 않을 때는 높이 3~4센티미터 정도이다. 위쪽이 찌그러진 모양을 하고 있다. 소변이 차면 지름 10센티미터 정도의 공 모양으로 부풀어 오르고 소변의 양이 주머니의 반 정도 차면 소변이 마려워진다. 방광이 비어 있을 때 벽이 되어 있는 근육의 두께는 10~15밀리미터 정도이지만, 소변이 가득 차면 벽이 얇게 펴져 겨우 3밀리리터 정도까지 얇아진다. 용량의 한계는 남성의 경우 500~600밀리리터 정도이며, 여성은 방광 위에 자궁이 있기 때문에 450밀리리터 정도가 한계라고 한다.

+ 요도의 길이와 질병의 위험도 다르다

남성과 여성은 요도의 길이도 달라 요도가 짧은 여성이 소변을 참기 힘든 구조로 되어 있다. 남성의 요도는 사정 시 정액이 통하는 길도 겸하고 있다. 고환(114쪽 참조)에서 만들어진 정자는 전립샘 안쪽에서 요도로 들어간 후 음경 안을 통과하여 사정되기 때문에 요도가 길고 굽어져 있다. 이에 반해 여성의 요도는 소변만 나오는 통로이므로 짧고 똑바르다. 그렇기 때문에 요도의 출구로부터 세균이 들어가기 쉽고 방광염이나 소변이 새기 쉽다고 한다. 한편 남성은 나이가 들면 전립샘이 비대해져 요도가 좁아짐으로써 소변이 잘 나오지 않게 된다.

방광과 요도의 구조와 기능

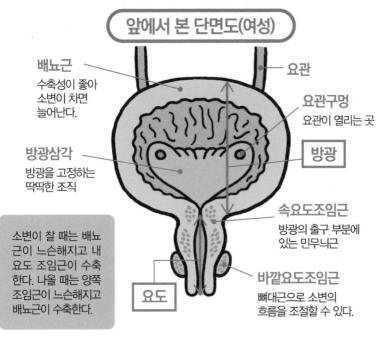

앞에서 본 단면도(여성)

배뇨근
수축성이 좋아
소변이 차면
늘어난다.

요관

요관구멍
요관이 열리는 곳

방광

방광삼각
방광을 고정하는
딱딱한 조직

속요도조임근
방광의 출구 부분에
있는 민무늬근

소변이 찰 때는 배뇨
근이 느슨해지고 내
요도 조임근이 수축
한다. 나올 때는 양쪽
조임근이 느슨해지고
배뇨근이 수축한다.

요도

바깥요도조임근
뼈대근으로 소변의
흐름을 조절할 수 있다.

79

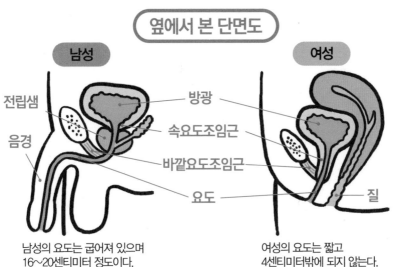

옆에서 본 단면도

남성

여성

전립샘

음경

방광

속요도조임근

바깥요도조임근

요도

질

남성의 요도는 굽어져 있으며
16~20센티미터 정도이다.

여성의 요도는 짧고
4센티미터밖에 되지 않는다.

세포는 생물을 구성하는 최소 단위, 슐라이덴과 슈반의 '세포이론'

육안으로 볼 수 없었던 생물체의 미세한 세계를 눈으로 볼 수 있게 된 것에는 현미경 기술이 크게 공헌했다.

16세기 말에 발명된 현미경은 19세기가 되어서야 서서히 발전하여 1850년 이후 비약적인 발전을 이루었다. 그 배경에는 현미경을 사용하여 연구하면 사람이나 동물의 몸 안에 의미 있는 구조를 발견할 수 있을 것이라는 학자들의 큰 기대가 있었기 때문이다.

현미경을 사용하여 생명의 최소 단위인 세포를 그리고 그 그림을 처음으로 세상에 보여 준 것은 17세기 후반에 활약한 영국의 자연철학자이자 물리학자인 로버트 훅(1635~1703)이다. 훅은 와인 코르크를 얇게 슬라이스하여 그 단면을 현미경으로 관찰하고 작은 방이 많이 있다는 것을 발견했다. 이를 cell(셀: 작은 방이라는 뜻)이라고 명명했다. 이 말은 영어로 세포를 의미하는 'cell(=셀)'의 유래가 되었다. 그 후 세포가 식물 조직 안의 단순한 공간이 아니라 생명의 단위라는 것이 밝혀진 것은 19세기의 일이었다.

현미경을 사용한 연구 기술의 발전을 기초로 해부학을 변혁시킨 발견 중 하나가 독일의 마티아스 야코프 슐라이덴(1804~1881)과 테오도어 슈반(1810~1882)에 의한 세포이론이다.

식물학자인 슐라이덴은 1838년에 식물체의 기본 구성 단위가 '세포'라고 주장했다. 그 다음 해에 슈반이 동물조직에 대해서도 똑같은 주장을 하고 동물을 포함한 세포이론을 완성시킨 것이다.

세포가 증식하는 기구에 관한 슐라이덴과 슈반의 이론은 후에 정정되었지만, 이들이 주장한 세포이론은 생물체 안에 세포라는 자립적인 생명 단위를 인정하는 큰 발견이었다.

제 4 장

마음과 감각에 관한 수수께끼

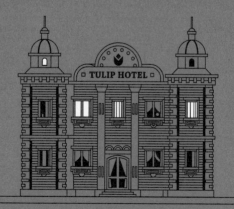

35 뇌는 어떻게 정보를 주고받을까?

신경세포들이 전기 신호를 발신하여 주고받는다

+ 뇌는 장기 중 가장 많이 먹는 선수

뇌는 사고와 감정을 깨달음과 동시에 눈, 귀, 코, 입, 전신의 피부 등 체내의 다양한 기관을 종합적으로 컨트롤하고 생명을 유지하는 중요한 역할을 담당하고 있다. 뇌의 무게는 약 1.2~1.5킬로그램으로 체중의 2~3% 정도밖에 되지 않지만, 식사로 섭취한 칼로리의 약 20%를 소비한다. 뇌는 깨어있을 때는 물론 자고 있는 동안에도 에너지를 계속 사용하여 정보의 처리와 운동의 지령 등 고도의 일을 수행한다. 더욱이 다른 장기와 달리, 포도당만 받아들이며 에너지를 쌓아 두지 않는다. 그렇기에 다른 어떤 장기보다 에너지를 많이 소비하며 혈액 속의 포도당이 부족해지면 기능이 저하된다. 피곤하면 단 것이 먹고 싶어지는 이유는 바로 이 때문이다.

+ 전기 신호와 신경전달물질이 감각 정보를 전달한다

사람의 뇌에는 전부 1,000억 개가 넘는 신경세포가 있어서 뇌와 전신의 신경은 각 세포가 전기 신호를 주고받아 정보를 전달하고 있다. 이 신호를 옆의 신경세포에게 전달하는 부분을 '시냅스'라고 하는데, 전기 신호가 시냅스까지 전달되면 신경전달물질이라는 화학물질이 나와 다음 신경세포로 자극이 전달된다. 이를 반복함으로써 피부나 감각기로부터 얻은 자극이 감각 정보로 뇌에 전달되는 것이다. 또 일부 신경세포에는 군데군데 절연성을 가지고 있는 피막이 붙어 있어서 그 부분을 가로질러 전기 신호가 전달되는 속도를 빨라지게 한다.

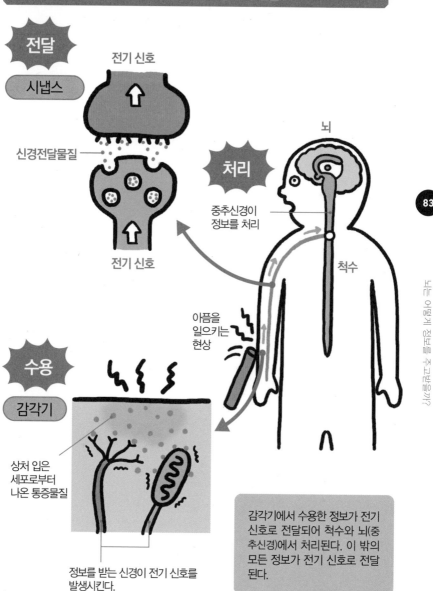

전기 신호에 의한 정보의 전달

전달

시냅스

전기 신호

신경전달물질

전기 신호

처리

뇌

중추신경이 정보를 처리

척수

아픔을 일으키는 현상

수용

감각기

상처 입은 세포로부터 나온 통증물질

정보를 받는 신경이 전기 신호를 발생시킨다.

감각기에서 수용한 정보가 전기 신호로 전달되어 척수와 뇌(중추신경)에서 처리된다. 이 밖의 모든 정보가 전기 신호로 전달된다.

뇌는 어떻게 정보를 주고받을까?

36 촉감이나 열… 피부는 무엇을 느끼는 걸까?

피부는 서로 다른 다섯 가지 감각을 느낀다

✛ 너무 뜨거워도, 너무 차가워도 아픔을 느낀다

피부는 인체에서 가장 큰 감각기로, 그 면적은 성인의 경우 문 한 짝 정도이다. 피부는 전신을 감싸는 튼튼한 가죽임과 동시에 다섯 가지 감각을 느끼는 여섯 개의 센서가 갖춰져 있다. 센서는 피부 안에 있는 신경 말단에 붙어 있는 소체라는 감각기나 자유신경종말이다. 여기서 다섯 가지 감각은 피부가 사물에 닿았을 때 느끼는 감각인 '촉각', 압력을 느끼는 '압각', 아픔을 느끼는 '통각', 따뜻함을 느끼는 '온각', 차가움을 느끼는 '냉각'이다. 그중에서도 재미있는 것은 온각과 냉각은 16~40도 정도에서 잘 작용하는데, 이 범위 외의 온도가 되면 위험을 느끼고 통각이 반응하여 아픔을 느낀다는 것이다. 사람이 온도를 느끼는 범위는 의외로 좁은 것이다. 이는 일종의 방어 반응으로, 너무 뜨거운 물에 닿으면 '아픔'을 느끼고 거기서 빨리 벗어남으로써 몸을 보호한다.

✛ 부위에 따라 민감한 곳과 둔감한 곳이 있다

그러나 몸을 보호하기 위해 민감하다고 모두 좋은 것은 아니다. 예를 들어 손끝이 너무 민감하면 물건에 닿는 것조차 불쾌해지기 때문이다. 감각의 민감 정도는 몸의 부위에 따라 크게 차이가 있다. '조금 떨어진 두 지점의 자극을 각각 별도의 자극으로 판별할 수 있을까?'라는 대표적인 측정법으로 비교해 보면 가장 민감한 것은 손끝이나 입술, 코, 뺨이다. 그 다음 발끝이나 발바닥 순이 된다. 한편 가장 둔감한 그룹은 배, 가슴, 등, 팔, 다리라고 한다.

피부 안에 갖추고 있는 감각 센서

온각

냉각

통각

압각

촉각

85

자유신경종말

파치니소체

루피니소체   메르켈소체   마이스너소체

각 센서 중 자유신경종말은 통각·온각·냉각, 파치니소체·루피니소체·마이스너소체는 촉각, 압각 등을 느낀다.

37 스트레스는 왜 좋지 않을까?

뇌를 자극하여 자율신경을 어지럽힌다

✛ 심한 스트레스로 신체 증상이 나타난다

심한 더위나 추위, 힘든 노동, 인간관계의 고민을 계속 안고 잠을 못 자는 등 심신이 과도한 자극(심한 스트레스)을 받았을 때 이를 처리하려고 나타나는 변화가 '스트레스 반응'이다. 이 분야에 관한 최근 연구에서는 스트레스를 받으면 뇌의 이마엽이라는 뇌의 최고 중추가 영향을 받는다는 것이 밝혀졌다. 스트레스가 너무 심하면 뇌가 잘 작용하지 않게 되고 그 영향으로 몸 상태를 제어하고 있는 자율신경의 균형이 흐트러져 신체 증상으로 변화가 나타난다고 한다. 심한 스트레스를 받았을 때 일어나는 대표적인 증상으로는 눈의 피로, 위와 장의 트러블, 불면, 빈뇨, 만성 피로감 등이 있다. 장기간 스트레스가 계속될 때는 큰 병을 초래할 수도 있다.

✛ 좋아하는 것을 해서 스트레스를 해소한다

스트레스를 느끼는 방법은 사람마다 다르므로 똑같은 스트레스를 받아도 성실한 성격을 가진 사람일수록 민감하게 느낀다. 이와 반대로 스트레스에 강한 사람은 기분전환을 잘한다고 한다. 스트레스를 경감시키기 위해서는 자신이 좋아하는 것을 해서 기분을 바꾸는 것이 효과적이다. 예를 들어 음악을 들으면 기분이 좋아지는 것은 알파파라는 뇌파 중 하나가 발생하기 때문이다. 알파파는 릴랙스하거나 집중력을 높일 때나 새의 울음소리나 강물이 흐르는 소리 등 기분 좋은 소리를 들었을 때 나온다. 알파파가 나오는 상태를 만드는 것도 스트레스 해소의 한 가지 방법이다.

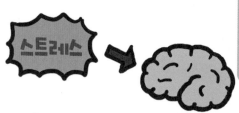

스트레스로 무너지는 자율신경의 균형

몸의 각 기관의 활동은 자율신경(교감신경과 부교감신경)에 의해 제어되며 스트레스는 주로 교감신경을 활성화시킨다.

〈교감신경〉　〈부교감신경〉

이쪽만 활성화 된다.

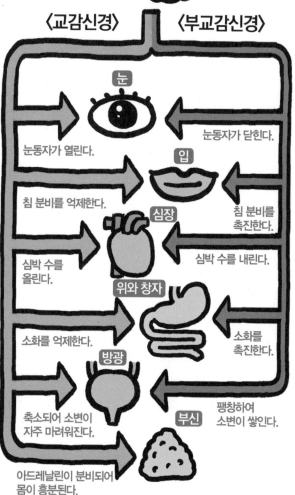

눈
눈동자가 열린다.
눈동자가 닫힌다.

입
침 분비를 억제한다.
침 분비를 촉진한다.

심장
심박 수를 올린다.
심박 수를 내린다.

위와 창자
소화를 억제한다.
소화를 촉진한다.

방광
축소되어 소변이 자주 마려워진다.
팽창하여 소변이 쌓인다.

부신
아드레날린이 분비되어 몸이 흥분된다.

스트레스는 왜 좋지 않을까?

38 슬프거나 기쁠 때 왜 눈물이 날까?

> 눈물에는 마음을 가라앉히는 힘이 있다

✛ 울면 기분이 조금 시원해진다

우리는 슬플 때나 분할 때 그리고 매우 기쁠 때도 눈물을 흘리는 경우가 있다. 눈물은 왜 나올까? 그 이유는 분명하게 밝혀져 있지 않다.

하지만 이런 감정적인 눈물은 자율신경 중 릴랙스해 있을 때나 자고 있을 때 우위에 있는 부교감신경의 작용에 의해 컨트롤된다는 것이 밝혀졌다. 그렇기 때문에 **기분이 심하게 동요될 때 기분을 가라앉히기 위해 부교감신경이 작용하여 눈물을 흘린다**고 한다. 실컷 울고 나면 기분이 조금 시원해지는 것은 이 때문이 아닐까 생각된다.

✛ 눈물은 눈의 표면을 보호하는 역할도 한다

눈물은 눈꺼풀 안쪽에서 눈 위쪽에 있는 '눈물샘'에서 만들어져 평소에도 조금씩 눈의 표면을 흐르고 있다. **이 역할은 눈을 보호하기 위해서인데, 눈의 표면에 붙은 먼지나 이물질을 씻어 내보내거나 눈이 마르지 않도록 하는 것**이다. 눈에 이물질이 들어갔을 때 눈물이 흐르는 것도 이물질을 씻어 흘려보내 눈을 보호하기 위해서이다.

또 하품을 했을 때도 눈물이 나오는 경우가 있는데, 이는 눈을 보호하기 위한 것과는 다르다. 눈의 표면을 흐른 눈물은 코 옆에 있는 '눈물주머니'에 모여 조금씩 코로 흘러 들어가는데, 하품으로 입을 크게 벌려 얼굴 전체가 움직이면 눈물주머니가 압박을 받아 쌓여 있던 눈물이 밖으로 흘러나오는 것이다.

눈물이 흐르는 구조

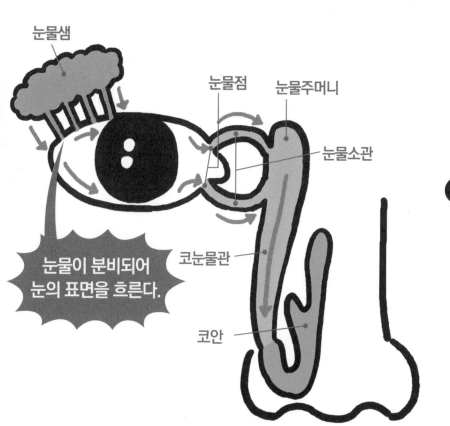

눈물샘

눈물점

눈물주머니

눈물소관

눈물이 분비되어
눈의 표면을 흐른다.

코눈물관

코안

눈물은 눈물샘에서 분비되어 눈의 표면을 흘러 눈물점, 눈물소관을
거쳐 눈물주머니에 쌓인다. 이것이 중력에 의해 조금씩 코눈물관을
흘러들어가 코안으로 들어간다. 눈물을 많이 흘려 울었을 때 콧물도
함께 나오는 이유는 이처럼 눈과 코가 연결되어 있기 때문이다.

39 오랜 시간 스마트폰을 보고 있으면 앞이 흐려지는 이유는?

> 섬모체근이 피로하여 초점 조절이 안 되기 때문이다

＋ 렌즈의 역할을 담당하는 것은 수정체

눈에는 '수정체'라는 카메라 렌즈와 비슷한 기관이 있는데, 수정체는 사물을 보기 위해서 '망막' 위에 빛이 모아지도록 두께를 바꾸어 초점을 조절하고 있다. 수정체는 '섬모체근'이라는 근육과 연결되어 있는데, 멀리 있는 것을 볼 때는 섬모체근이 느슨해져 수정체를 얇게 만든다. 이렇게 해서 빛의 굴절을 작게 만들어 초점을 맞추는 것이다. 이와 반대로 가까이 있는 것을 볼 때는 섬모체근이 수축하여 수정체를 두껍게 만들고 빛의 굴절을 크게 함으로써 초점을 조절한다. 그런데 오랜 시간 스마트폰이나 컴퓨터 화면을 보거나 독서를 하면 섬모체근이 초점을 맞추기 위해 계속 긴장을 하게 된다. 그러면 피로해져 초점 조절을 못하게 됨으로써 시야가 흐려 보인다. 이것이 바로 '안정피로(眼睛疲勞)'이다. 시야가 흐려질 때는 눈이 피로하다는 신호이므로 휴식을 취하는 것이 좋다.

＋ 눈에는 손 떨림 방지 기능이 갖춰져 있다

눈은 안구를 상하좌우로 움직이는 6개의 근육이 붙어 있어 원하는 방향으로 움직여 사물을 볼 수 있다. 예를 들어 지하철 안에서 얼굴은 정면을 향한 채 눈만 움직여 옆 사람이 읽고 있는 만화를 훔쳐볼 수 있는 것도 이런 이유에서이다. 근육이 여섯 개나 필요한 이유는 머리나 몸이 움직여도 시점을 일정하게 유지하여 보이는 이미지가 움직이지 않도록 하기 위해서이다. 즉, 눈에는 '손 떨림 방지 기능'이 갖춰져 있다는 것이다.

눈에 갖춰져 있는 렌즈 조절 기능

외부의 빛을 수정체가 모아 망막 스크린에 비춘다. 비춰진 상을 시각신경이 전기 신호로 바꿔 뇌에 보내면 시계가 인식된다.

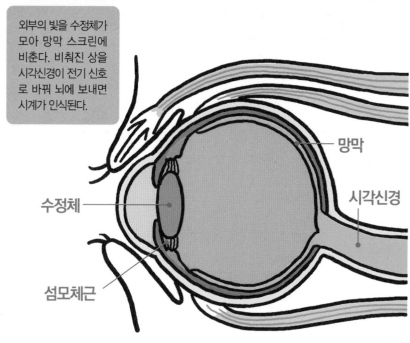

망막

수정체

시각신경

섬모체근

오랜 시간 스마트폰을 보고 있으면 왕이 흐려지는 이유는?

안정피로

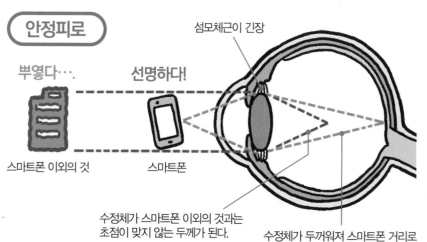

뿌옇다···.

선명하다!

섬모체근이 긴장

스마트폰 이외의 것

스마트폰

수정체가 스마트폰 이외의 것과는 초점이 맞지 않는 두께가 된다.

수정체가 두꺼워져 스마트폰 거리로 초점이 맞아 있다.

40 시력이 나빠지는 원리는 뭘까?

안구 모양이 바뀌어 초점 조절이 어려워진다

+ 안구의 모양이 원인으로 근시나 원시가 된다

사물을 볼 때 수정체는 눈으로 들어온 빛을 굴곡시켜 본 것을 망막 스크린에 깨끗하게 표시되도록 초점을 조절한다. 망막에 초점이 맞은 상태를 정시(正視), 맞지 않은 상태를 근시(近視)나 원시(遠視)라고 한다.

원인 중 하나는 안구 자체의 모양이다. 예를 들어 **안구 모양이 앞뒤로 길어 수정체와 망막의 거리가 멀면 근시**, 이와 반대로 안구 모양이 앞뒤로 짧아 수정체와 망막의 거리가 가까우면 가까이 있는 것이 잘 안 보이는 원시가 된다.

또 다른 원인은 섬모체근의 작용이 나빠지는 것이다. 예를 들어 가까이 있는 것만 보는 습관이 있는 경우 섬모체근이 수축된 채로 경직되어 근시가 되는 경우가 있다. 또 안구 표면의 모양이 비틀어지면 초점이 어긋나 사물이 이중으로 보이는 '난시'가 된다.

+ 수정체 자체가 변질되면 노안이 된다

누구나 경험하게 되는 '노안'은 수정체 자체의 변질로 발생한다.

수정체는 나이가 들면 탄력을 잃어 굳어지는데, 섬모체근이 느슨해도 수정체의 두께를 바꾸기 힘들어진다. 이 때문에 가까이 있는 것을 볼 때 초점을 맞출 수 없게 되는데, 이것이 바로 노안의 메커니즘이다. 이를 해결하는 것이 볼록 렌즈로 만들어진 노안경(돋보기 안경)이다.

근시와 원시의 원리와 수정법

근시

안구가 앞뒤로 길다.

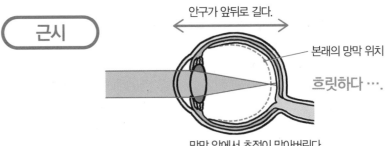

본래의 망막 위치

흐릿하다 ….

망막 앞에서 초점이 맞아버린다.

안경 보정

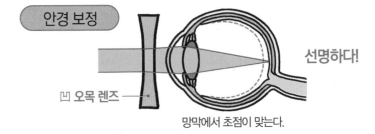

선명하다!

凹 오목 렌즈

망막에서 초점이 맞는다.

원시

안구가 앞뒤로 짧다.

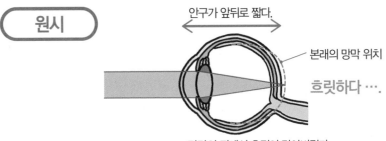

본래의 망막 위치

흐릿하다 ….

망막의 뒤에서 초점이 맞아버린다.

안경 보정

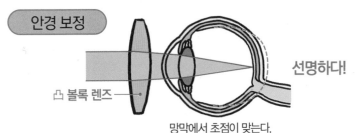

선명하다!

凸 볼록 렌즈

망막에서 초점이 맞는다.

41 귀는 어떻게 소리를 느낄까?

공기의 진동을 전기신호로 변환시켜 청각을 낳는다

✛ 몇 개의 기관을 거쳐 뇌에 도달한다

귀의 첫 번째 역할은 소리를 모으는 것으로, 이를 담당하는 것이 바깥쪽으로 뻗어 있는 '귓바퀴'이다. 귓바퀴는 소리를 모으는 안테나로, 모양이 들쭉날쭉한 이유는 소리를 정확하게 듣기 위해서이다.

소리의 정체는 음파라는 공기의 진동이다. 귓바퀴에서 모인 음파가 바깥귀길을 지나 그 끝에 있는 '고막'에 부딪히면 이번에는 고막을 진동시킨다. 진동은 고막 끝에 있는 '귓속뼈'라는 사람의 몸 안에서 가장 작은 뼈로 전달된다. 귓속뼈 끝에는 소용돌이 모양의 '달팽이관'이 있어 진동이 전달되면 안에 있는 림프액이 진동하여 달팽이관 안에 있는 털세포를 흔든다. 이 털세포는 피아노 건반처럼 음정순으로 나열되어 있어 감지한 진동의 내용을 전기신호로 변환시킨다. 이것이 신경을 통해 대뇌에 전달되고 소리로서 인식되는 것이다.

✛ 귀가 멀어지는 것은 털세포의 퇴화가 원인

나이가 들면 귀에서 들어오는 소리가 뇌에 도달하기까지 여러 가지 문제가 발생한다. 그중에서도 귀가 멀어지는 가장 큰 원인은 달팽이관에 있는 털세포의 퇴화이다. 털세포는 달팽이관 입구에 가까울수록 고음, 안으로 갈수록 저음에 반응하는 구조로 되어 있는데, 어떤 음이든 똑같이 입구에서 들어오므로 고음을 담당하는 세포가 손상을 입기 쉽다. 사람이 나이가 들면 고음부터 안 들리게 되는 것은 바로 이 때문이다.

음파가 청각으로 바뀌는 원리

1 음파가 고막에 도달하여 고막이 진동한다.

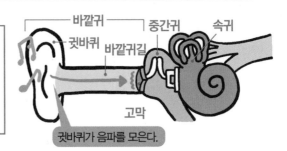

바깥귀 · 중간귀 · 속귀 · 귓바퀴 · 바깥귀길 · 고막

귓바퀴가 음파를 모은다.

2 귓속뼈가 고막의 진동의 힘을 증폭시킨다.

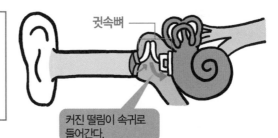

귓속뼈

커진 떨림이 속귀로 들어간다.

3 떨림이 달팽이관 안을 돌아 전기 신호로 바뀐다.

반고리뼈관

달팽이관

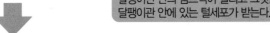

달팽이관 안의 림프액이 떨리고 그것을 달팽이관 안에 있는 털세포가 받는다.

4 전기 신호가 속귀신경을 통해 뇌에 전달된다.

속귀신경

뇌에 도달하면 청각으로 인식된다.

42 사람은 얼마나 큰 소리까지 견딜 수 있을까?

+ '조용하다'고 느끼는 것은 속삭이는 목소리

자신이 좋아하는 음악이 다른 사람에게는 소음이 될 수 있듯이 사람에게 있어서 소리가 반드시 기분 좋은 것만 있다고 말할 수는 없다. 우리의 귀는 공기가 흔들려 생긴 파동을 소리로 듣고 있기 때문에 음파의 떨림(진동)이 클수록 들리는 음도 커진다. 이 크기에 인체의 감각을 더한 데시벨(dB, decibel)라는 단위를 사용하면 다양한 사물의 음량(소리의 크기)을 나타낼 수 있다. 예를 들어 속삭이는 목소리는 30데시벨, 힘껏 내지르는 큰 소리는 80~90데시벨 정도이다. 일상생활에서 '조용하다'고 느끼는 것은 45데시벨 이하가 기준으로 주거 환경으로 이상적인 음량은 40~60데시벨 정도이다. 이를 넘어가면 시끄러운 소리로 느끼기 시작하고 80데시벨 정도의 소리를 계속 들으면 식욕이 없어지며 청력 장애가 발생할 위험이 높아진다. 피아노나 지하철 내에서 창문을 열었을 때 나는 소리가 이 정도 크기이다.

+ 150데시벨 이상에서는 고막이 터진다?

더 큰 소리로는 100데시벨이 있는데, 자동차 경적이나 전철이 통과할 때 철로 아래에서 나는 소리이다. 갑자기 큰 소리가 들려 깜짝 놀랄 때 느끼는 소리이다. 근처에서 비행기 엔진이나 천둥 소리가 날 때 귀가 아픈 것 같은 소리는 약 120데시벨이다. 이 정도가 아슬아슬하게 견딜 수 있는 소리의 범위이다. 이 범위를 넘어가면 고막 기능에 이상이 생기고 150데시벨 이상이 되면 고막이 터지는 경우가 있다. 또 이어폰에서 음악이 새어나올 정도의 음량은 청력 장애가 발생할 위험이 있다고 한다.

소리의 크기의 정체와 기준

귀에 전달되는 음파

공기의 압력이 반복해서 오르고
내리는 것이 소리의 정체이다.
이 반복되는 음파의 떨리는 폭(진폭)이
크면 소리도 크게 들린다.

둥

■ 작은 소리(= 진폭이 짧다.)

[압력]

진폭

[시간]

파장

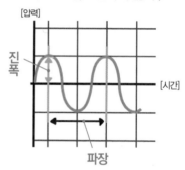

■ 큰 소리(= 진폭이 길다.)

[압력]

[시간]

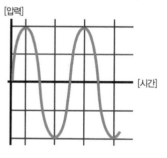

사람은 얼마나 큰 소리까지 견딜 수 있을까?

소리의 크기의 기준(데시벨)

수치	기준	수치	기준
20	나뭇잎이 부딪히는 소리	80	피아노
30	속삭이는 소리	90	큰소리, 개 짖는 소리
40	조용한 주택가, 작은 새 소리	100	전철이 통과할 때 다리 밑
50	에어컨 실외기, 조용한 사무실	110	헬리콥터 옆
60	차임벨, 보통의 대화	120	비행기 엔진음 근처
70	청소기, 전화벨		*히타치나카시(市)의 『소음의 기준』에서 발췌

43 몸은 어떻게 균형을 잡는 걸까?

귀 안의 안뜰기관과 반고리뼈관에서 잡는다

+ 안뜰기관은 상하좌우의 기울임이나 가속도를 감지

귀의 주요 역할은 소리를 듣는 것이지만, 몸의 균형을 유지하는 평형 기관의 기능도 갖고 있다. 이 역할을 담당하여 몸의 움직임이나 기울임을 감지하는 것이 달팽이관 옆에 있는 '안뜰기관'과 앞반고리뼈관과 뒤반고리뼈관, 가쪽반고리뼈관이라는 반원형의 관이 고리 모양처럼 조합된 '반고리뼈관'이다. 안뜰기관과 반고리뼈관 안은 림프액으로 채워져 있으며 림프액의 움직임을 감지하는 털세포가 붙어 있다. 안뜰기관의 털세포 위에는 돌이 떠 있는데, 머리를 기울이면 돌이 움직이는 구조로 되어 있다. 털세포는 돌이 움직이는 정도로 머리의 움직임을 감지하고 이를 뇌에 전달하면 뇌는 상하좌우의 기울임이나 가속도를 느끼게 된다.

+ 반고리뼈관은 다양한 회전을 감지한다

반고리뼈관은 머리가 회전하면 림프액이 흐르는데, 이로써 털세포가 자극을 받아 그 정보를 뇌에 전달한다. 반고리뼈관에서는 주로 머리의 가로 회전이나 앞뒤 회전을 감지한다. 이러한 귀 안의 기관이 하나라도 잘 작동하지 않아 머리의 흔들림이 제대로 느껴지지 않으면 걷기가 힘들어진다. 예를 들어 걷고 있을 때 머리가 흔들리는 데도 한 곳을 응시하며 나아갈 수 있는 이유는 머리의 흔들림이 전달된 뇌가 '머리의 흔들림과 역방향으로 안구를 움직여라.'라는 지시를 눈에 내리고 있기 때문이다. 눈과 귀는 별도의 기관으로 생각하기 쉽지만, 실제로 이런 부분에서 연동하여 작용하고 있다.

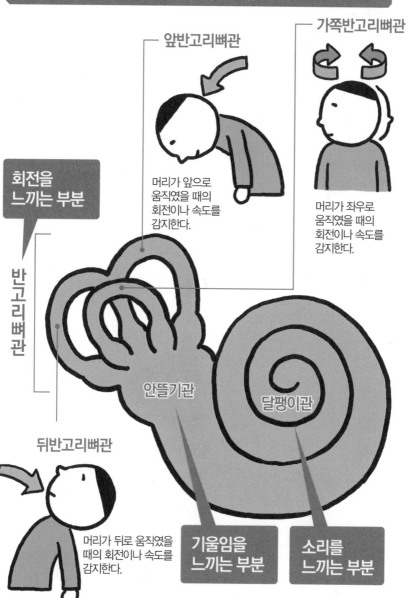

속귀의 구조와 기능

앞반고리뼈관

가쪽반고리뼈관

머리가 앞으로 움직였을 때의 회전이나 속도를 감지한다.

머리가 좌우로 움직였을 때의 회전이나 속도를 감지한다.

회전을 느끼는 부분

반고리뼈관

안뜰기관

달팽이관

뒤반고리뼈관

머리가 뒤로 움직였을 때의 회전이나 속도를 감지한다.

기울임을 느끼는 부분

소리를 느끼는 부분

44

혀는 어떻게 맛을 느낄까?

혀에 있는 돌기가 다섯 가지 미각을 구분한다

＋ 쓴맛, 신맛, 단맛, 짠맛 순으로 민감하다

단맛은 혀의 끝부분, 신맛은 혀의 옆면, 쓴맛은 혀 안쪽에서 느낀다는 '미각분포도'라는 말을 들어 본 적이 있을 것이다. 이는 1900년의 연구에 기초하여 알려진 오래된 학설로, 실제는 이와 조금 다르다. 사람이 인식할 수 있는 맛은 짠맛, 신맛, 단맛, 쓴맛, 감칠맛 등 5가지로 이루어져 있다. 혀를 잘 보면 '혀유두'라는 돌기가 표면에 나열되어 있다는 것을 알 수 있는데, 이 안쪽에 있는 '맛봉오리'라는 기관이 맛을 느끼는 센서이다. 혀는 기본적으로 부위든 다섯 가지 미각을 느낄 수 있으며 쓴맛, 신맛, 단맛, 짠맛 순으로 민감하다. 그러나 맛을 잘 느끼는 곳은 혀의 위치에 따라 다르다. 그 이유는 맛을 느끼는 맛봉오리가 혀에 골고루 분포되어 있는 것이 아니라 혀끝이나 혀뿌리 근처, 가장자리 뒤쪽에 집중되어 있기 때문이다.

＋ 맛봉오리의 기능은 나이가 들면 약해진다

맛봉오리 중 약 80%는 혀등에 있고 나머지 20%는 목이나 물렁입천장의 부드러운 부분에 있다. 목의 맛봉오리는 물을 마실 때도 반응하여 이 반응이 '목 넘김'으로 이어진다고 한다. 어렸을 때는 약 1만 개 정도 있는 맛봉오리는 나이가 들면 줄어들어 고령이 되면 반 이하로 줄어든다. 아이들의 맛봉오리는 민감하여 신 것이나 쓴 것을 강하기 느낀다. 이것이 어른이 되면 맛있게 느껴지는 이유는 맛을 느끼는 힘이 약해져 딱 좋은 맛으로 느껴지기 때문이다.

미각이 생기는 메커니즘

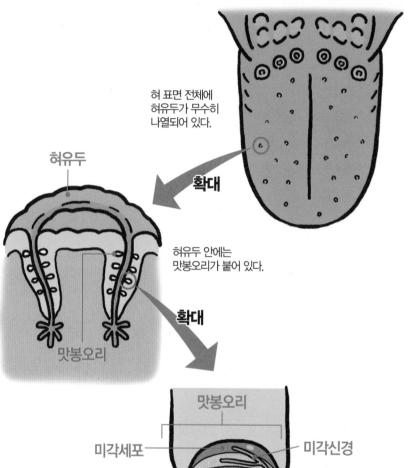

혀 표면 전체에
혀유두가 무수히
나열되어 있다.

확대

혀유두

혀유두 안에는
맛봉오리가 붙어 있다.

확대

맛봉오리

맛봉오리

미각세포

미각신경

미각구멍

맛봉오리에는
신경이 뻗어 있어
뇌와 연결되어 있다.

음식물 안의 맛 물질이 미각구멍을 통해 맛봉오리로 들어가면 미세포가 전기 신호를 만들고 이것이 신경을 통해 뇌에 전달되어 미각이 생성된다.

↓뇌로

맛은 어떻게 맛을 느낄까?

45

콧구멍은 어디로 연결되어 있을까?

> 머리 여기저기에 있는 관과 공간에 연결되어 있다

+ 코는 공기를 들이마시는 기관이기도 하다

코는 냄새를 맡는 후각기관임과 동시에 공기를 들이마시는 호흡기관이기도 하다. 코 안에는 큰 동굴과 같은 '코안'이 있는데, 머리의 단면도를 보면 한 가운데에 '코중격'이라는 벽이 있고 좌우로 나뉘어져 있다는 것을 알 수 있다. 코중격에는 '코선반'라고 해서 점막으로 덮인 상중하 세 개의 뼈가 있다. 코선반 아래에는 위콧길, 중간콧길, 아래콧길이라는 세 개의 공기가 통하는 길이 있고, 들이마신 공기는 위콧길을 통해 허파로 가고 허파가 내보내는 공기는 주로 중간콧길과 아래콧길을 통해 몸 밖으로 나온다.

참고로 콧구멍이 2개 있는 이유는 양쪽이 동시에 숨을 들이마시는 것이 아니라 좌우 콧구멍이 교대로 호흡하고 있기 때문이다. 교대 주기에는 개인차가 있지만, 1~2시간마다 바뀐다고 한다.

+ 코곁굴, 눈, 귀가 연결되는 굴

코안은 공기가 통하는 길일 뿐만 아니라 머리의 여러 부분과 연결되어 있다. 첫 번째는 '코곁굴'로, 코안에는 몇 개의 굴이 있는데 이는 코곁굴이라는 네 개의 공간으로 이어진다. 두 번째는 코눈물관(89쪽 참조)으로, 이는 눈과 연결되어 있어서 울면 콧물이 나오는 것도 눈물이 눈의 안쪽 구석에서 코눈물관을 통해 코안으로 흘러나오기 때문이다. 세 번째는 '귀관'이라고 귀와 이어지는 통로이다. 때문에 감기에 걸리면 코안의 염증이 귀로 전이돼 중이염에 걸릴 수있다.

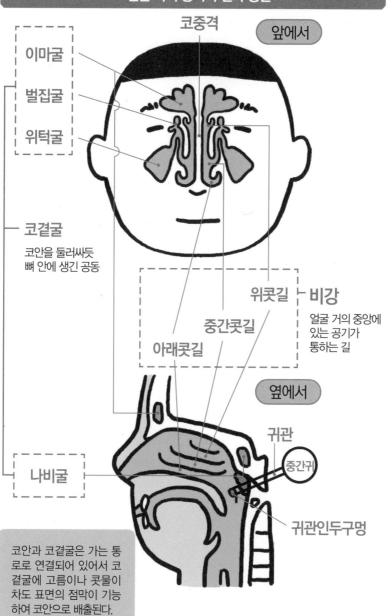

얼굴 속의 공기의 길과 동굴

코중격

앞에서

이마굴

벌집굴

위턱굴

코곁굴
코안을 둘러싸듯
뼈 안에 생긴 공동

103

위콧길 ─ 비강
얼굴 거의 중앙에
있는 공기가
통하는 길

중간콧길

아래콧길

옆에서

나비굴

귀관

중간귀

귀관인두구멍

코안과 코곁굴은 가는 통
로로 연결되어 있어서 코
곁굴에 고름이나 콧물이
차도 표면의 점막이 기능
하여 코안으로 배출된다.

콧구멍은 어디로 연결되어 있을까?

46 코를 막으면 맛을 못 느끼는 이유는?

사람은 맛과 냄새를 하나로 묶어 느끼기 때문이다

+ 음식물의 맛은 오감으로 느낀다

음식물을 맛보기 위한 가장 중요한 요소는 혀가 느끼는 맛이지만, 사실은 이것뿐만이 아니다. 미각은 다른 감각보다 외부 자극에 민감하므로 '맛있다'라고 느끼기 위해서는 시각, 청각, 후각, 촉각의 영향도 크게 받고 있기 때문이다. 그중 냄새가 없으면 달고 매운 것은 알지만 '맛있다'라고 느끼기 힘들다. 예를 들어 딸기맛과 멜론맛의 빙수가 있다고 가정해 보자. 코를 막고 이 둘을 먹으면 둘 다 달다고밖에 느끼지 못하고 어느 쪽 빙수를 먹었는지는 모른다고 한다. 왜냐하면 시럽 향료에 의한 후각이나 시각으로 들어온 색 정보가 빠져 있기 때문이다.

+ 맛에 있어 미각과 똑같이 중요한 것은 후각이다

비강의 천정 부분에 해당하는 후각상피에는 '후각세포'가 있다. 냄새 물질이 이 후각세포에 닿으면 '후각신경'이 기동하여 맡은 냄새 정보가 뇌에서 뻗어 나온 냄새를 맡는 부분인 '후각망울'로 연결된다. 후각은 이 후각망울에서 냄새 정보가 뇌에 전달되어 느껴지는 것이다.

감기에 걸려 코가 막혀 있을 때 음식의 맛을 느끼지 못하는 이유는 후각이 없는 상태로 맛밖에 감지하지 못하기 때문이다. 사람은 음식을 입에 넣을 때 코로 냄새를 맡고 혀로 맛을 감지한다. 우리는 이 두 자극을 종합적으로 '맛'으로 감지하기 때문에 코가 막혀 있거나 코를 막아 냄새 감각이 없어지면 맛에도 영향을 받게 된다.

마음과 감각에 관한 수수께끼

후각이 발생하는 메커니즘

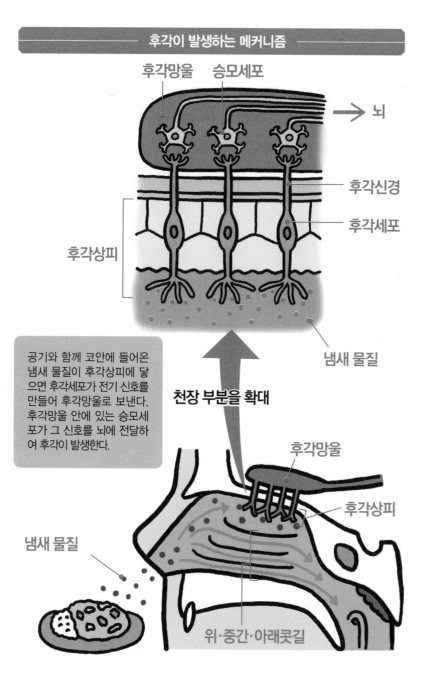

후각망울 승모세포

→ 뇌

후각신경

후각세포

후각상피

냄새 물질

공기와 함께 코안에 들어온 냄새 물질이 후각상피에 닿으면 후각세포가 전기 신호를 만들어 후각망울로 보낸다. 후각망울 안에 있는 승모세포가 그 신호를 뇌에 전달하여 후각이 발생한다.

천장 부분을 확대

후각망울

후각상피

냄새 물질

위·중간·아래콧길

코를 막으면 맛을 못 느끼는 이유는?

사람의 몸과 동물의 몸을 이론으로 훌륭히 비교한 다윈

세포이론 외에도 19세기에는 해부학을 변혁시킨 또 하나의 큰 발견이 있었다. 바로 영국의 자연과학자 찰스 다윈(1809~1882)에 의한 진화론(『종의 기원』, 1895년)이다.

대학에서 자연의 위대함과 연구의 중요성을 배운 다윈은 졸업 후 1831년에 군함 비글호를 타고 남아메리카로 여행을 떠났다. 갈라파고스 제도를 비롯해 4년 동안의 긴 항해 동안 세계 각지에서 많은 동물을 관찰한 다윈은 영국으로 돌아와 동물의 표본 연구를 계속했다. 그리고 지구상의 다양한 생물은 태고의 원시적인 생명에서 출발하여 다양하게 진화하여 생겼다는 생각에 이르게 된 것이다. 이 진화론의 발표는 기독교 문화권의 상식을 뒤흔들었고 다양한 반향과 비판을 불러일으켜 인체에 대한 사고를 근본적으로 바꾸고 말았다.

진화론 이전에도 사람과 동물의 몸에 왠지 모를 유사점이 있다는 것은 막연하게 깨닫고 있었다. 하지만 진화론에 의해 몸의 구조나 발생 과정의 유사점은 공통된 원시적인 선조로부터 현재의 다양한 동물이 진화해 온 '계통 발생'의 결과라는 것이 밝혀진 것이다.

진화론 이후 사람의 몸은 현재의 지구 환경이나 인간 사회 속에서 최고 수준으로 적응한 것으로 보고 있다. 그리고 그 구조를 자세하게 조사해 가면 척추동물, 포유류, 영장류로서의 특징과 진화 흔적을 찾아볼 수 있는 것이다. 이는 곧 인류가 걸어 온 흔적을 아는 것이기도 하다.

다윈이 쓴 계통수(系統樹) 스케치

제 **5** 장

남녀와 생식에 관한 수수께끼

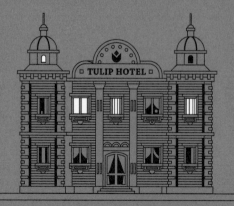

47 남자와 여자는 골반 모양이 다르다던데 정말일까?

남자의 큰골반은 세로로 길고 여자의 큰골반은 가로로 길다

+ 사람이 두 다리로 걸을 수 있는 것은 골반 덕분이다

사람의 몸은 많은 뼈로 구성되어 있는데, 남녀 간에 모양이 다른 것도 있다. 바로 '골반'이다.

골반은 인체에서 가장 큰 뼈인 넙다리뼈와 몸을 지지하는 척주 사이에 있으며 상반신과 하반신을 연결하는 역할을 하고 있다. 또 방광이나 곧창자, 생식기 등을 보호하는 역할도 하고 있으며 사람이 두 다리로 걸을 수 있는 것도 골반이 발달해 있기 때문이다. 골반을 이루고 있는 것은 엉치뼈, 꼬리뼈, 좌우 볼기뼈(엉덩뼈, 궁둥뼈, 두덩뼈)로 큰골반과 작은골반으로 나뉜다. 큰골반은 좌우로 퍼져 있는 부분, 작은골반은 한 가운데에 있는 움푹 파인 원통형 부분을 말한다.

+ 여자의 작은골반은 출산 시 아기가 나오는 길이다

남자의 큰골반은 세로로 길고 깊이가 있으며 작은골반은 좁다. 작은골반의 입구를 위에서 보면 하트 모양에 가까운 모양으로 되어 있으며 앞에서 봤을 때는 두덩결합 아래에 벌어진 각도가 70도로 좁다.

한편, 여자의 큰골반은 임신 중 뱃속의 아기를 지지하는 역할이 있기 때문에 얇게 좌우로 퍼져 가로로 긴 모양을 하고 있으며 작은골반의 입구는 원형으로 되어 있다. 두덩결합 아래 벌어진 각도는 남자는 70도로 좁은 데 반해, 여자는 90~110도로 넓다. 작은골반은 출산 시 아기가 나오는 길이 되기 때문에 머리가 걸리지 않도록 태아가 나오기 쉽게 넓은 것이다.

남성의 골반과 여성의 골반 비교

| 남성 | 여성 |

〈 앞에서 본 모습 〉

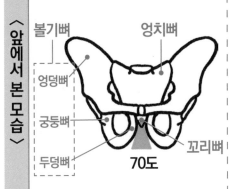

볼기뼈
엉치뼈
엉덩뼈
궁둥뼈
두덩뼈
꼬리뼈
70도

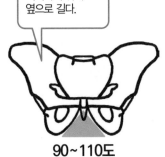

큰골반은 태아를 지지하기 위해 옆으로 길다.

90~110도

109

〈 위에서 본 모습 〉

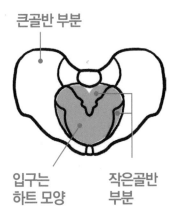

큰골반 부분
작은골반 부분
입구는 하트 모양

작은골반은 태아의 머리가 걸리지 않도록 통로가 넓다.

입구는 원형

48 태아의 성별은 어떤 원리로 정해질까?

성염색체에 Y가 없으면 여자, 있으면 남자가 된다

✛ 초기의 태아는 남성 생식기와 여성 생식기 둘 다 만들 수 있다

남자와 여자의 몸은 겉모습과 역할이 다른 것처럼 느껴지지만, 해부학적으로 보면 생식기 이외는 똑같다고 할 수 있다. 초반 태아기 단계에서는 남성 생식기와 여성 생식기 둘 다를 만들 수 있게 되어 있다.

그렇다면 어떻게 남녀가 생기는 것일까? 초기의 태아 세포 속에는 남성 생식기를 만들 수 있는 설계도와 여성 생식기를 만들 수 있는 설계도 둘 다를 갖추고 있다. 태아가 그대로 자라면 자동으로 여성 생식기를 만들어 여자가 된다. 하지만 유전자 안에 있는 남자로 바뀌는 스위치가 들어가면 남자가 된다. 이 스위치를 넣는 유전자는 '성염색체'에 있다.

✛ 'SRY'에 스위치가 들어가면 고환이 생긴다

세포 핵 안에는 유전자와 단백질로 이루어진 '염색체'가 있다. 사람의 염색체는 46개로 정해져 있는데, 이중 44개는 남녀 공통이다. 남은 두 개는 남녀의 성별을 결정짓는 '성염색체'로, 여자는 X염색체를 2개, 남자는 X염색체와 Y염색체를 한 개씩 갖고 있다.

남자만 갖고 있는 Y염색체에는 'SRY'라는 유전자 스위치가 있다. 이 'SRY'에 스위치가 들어가면 태아에 고환이 생긴다. 스위치가 들어가 정소가 생기면 남성 호르몬이 분비되어 남성 생식기를 발달시킨다. 이와 동시에 여성 생식기가 만들어지는 것을 막는 호르몬이 분비되어 남녀의 성별이 나뉘는 것이다.

염색체와 유전자의 구조

핵 속

46개의 염색체

- 아버지로부터 23개
  이 중 하나가 성염색체 ➡ 'X' or 'Y'
- 어머니로부터 23개
  이 중 하나가 성염색체 ➡ 'X'

'Y'인 경우 'SRY'에 스위치가 들어가 남자가 된다.

유전자

유전 정보로 가득 차 있는 본체. 부모로부터 반씩 받은 유전 정보로 이루어진다. 자극을 받아 활성화되면 (스위치가 들어가면) 정보에 따라 몸의 재료(단백질)가 만들어진다.

염색체

끈처럼 긴 유전자가 접혀 있다.

유전 정보

네 가지 종류의 염기가 나열된 순서가 정보를 형성하고 있다.

개인의 모든 세포의 핵에는 똑같은 유전자가 들어 있으며 각 세포에서 유전자가 사용되는 부분이 다르다.

태아의 성별은 어떤 원리로 정해질까!?

49 남성 호르몬과 여성 호르몬은 어떻게 다를까?

남성 호르몬은 고환, 여성 호르몬은 난소에서 생성된다

✛ 사춘기가 되면 성호르몬이 작용하기 시작한다

일반적으로 남성 호르몬이라 부르는 것은 테스토스테론, 여성 호르몬이라 부르는 것은 프로게스테론과 에스트로겐이다. 모두 성인이 되면 뇌와 자율신경의 작용에 의해 활동을 시작한다. 초등학교 고학년에서 18살 정도까지의 사춘기가 되면 남녀 모두 뇌의 시상하부에서 뇌하수체로 지령이 나와 성호르몬이라 부르는 두 종류의 생식샘자극호르몬(황체형성호르몬과 난포자극호르몬)이 나온다. 작용하는 곳이나 몸의 변화는 남녀가 다른데, 여성의 경우 뇌하수체에서 생식샘자극호르몬이 나오면 이를 받아 난소에서 프로게스테론과 에스트로겐이 나온다. 남성의 경우는 고환에서 테스토스테론이 나온다. 이것들은 남녀에 특유한 영향을 몸에 일으킨다. 이러한 사춘기가 되어 나타나는 변화를 '이차성징'이라고 한다.

✛ 남녀 모두 아기를 만들기 위한 기능이 완성된다

여자에게 있어 이차성징은 아기를 만들어 키우기 위한 몸의 기능을 완성시키는 것이다. 유방이 커지고 자궁이나 난소 등 생식기가 발달하여 월경이 일어나고 음모가 자라며 골반이 발달한다. 지방이 두꺼워져 둥글둥글한 체형으로 바뀌는 등 변화가 일어난다. 남자는 이차성징에 의해 처음으로 사정을 하게 된다. 또 목소리가 바뀌고 남성 호르몬이 증가하면서 수염이 나거나 겨드랑이와 몸에 있는 털들이 굵어진다. 어깨폭이 넓어지고 근육이 발달하여 다부진 체격으로 바뀌는 등 변화가 일어난다.

남성 호르몬과 여성 호르몬의 기능

뇌하수체
시상하부로부터
지령을 받아 각종
호르몬을 분비

시상하부
자율신경의 통제 기능을
갖고 있는 뇌 부분

남성

뇌하수체에서
'황체형성호르몬'과
'난포자극호르몬'이 분비된다.

⬇

● 황체형성호르몬의 작용

고환에 테스토스테론을
분비시킨다.
테스토스테론은 온몸으로
보내진다.

[전신의 영향]

· 근육이 튼튼해진다.
· 음경이나 음낭의 활동이
  촉진된다.
· 수염, 겨드랑이 털, 음모
  등이 생긴다.
· 목소리가 낮아진다.

● 난포자극호르몬의 작용

테스토스테론과 함께
고환을 자극하여 정자의
발생을 촉진시킨다.

남성 여성

난소

고환

여성

뇌하수체에서
'황체형성호르몬'과
'난포자극호르몬'이 분비된다.

⬇

● 황체형성호르몬의 작용

난소에 프로게스테론을
분비시킨다. 프로게스테론은
에스트로겐과 함께 자궁을
임신 가능한 상태로 만든다.
또 발정을 제어하고 임신을
유지시킨다.

● 난포자극호르몬의 작용

난소에 에스트로겐을
분비시킨다. 에스트로겐은
온몸으로 보내진다.

[전신의 영향]

· 피부밑지방이 두꺼워진다.
· 유방이 부풀어 오른다.
· 자궁이나 질의 활동이
  촉진된다.
· 겨드랑이 털, 음모가
  생긴다.

113

남성 호르몬과 여성 호르몬은 어떻게 다를까!?

50 정자는 왜 많이 만들어질까?

> 수정 확률을 높이고 우수한 유전자를 남기기 위해

+ 정자는 고환 안에서 만들어진다

사람의 몸은 아버지의 정자와 어머니의 난자가 결합된 수정란에서 시작된다. 새로운 생명을 낳기 위한 기관인 남자와 여자의 생식기는 구조와 기능이 크게 다르다. 남성 생식기는 음경, 고환, 부고환, 정관, 정낭 등으로 이루어져 있다. 고환과 부고환은 좌우 하나씩 있으며 음낭에 들어가 있다. 남성의 생식기의 가장 큰 역할은 음낭 안에서 정자를 만들어 음경을 통해 난자가 기다리고 있는 여성의 생식기로 정자를 보내는 것이다.

+ 난자에 도달하지 못한 대부분의 정자는 전멸한다

정자의 형성은 사춘기에 시작되어 건강한 성인 남성의 경우 거의 매일 1억 개의 정자가 만들어진다. 정자는 고환 안에서 만들어진 후 부고환으로 보내져 10~20일 정도 저장되는 동안 성숙된다. 성숙한 정자는 사정을 기다리게 되고 성적으로 흥분되면 정관의 꿈틀운동에 의해 정관팽대로 이동된다. 이때 전립샘과 정낭에서 분비액이 방출되어 성적 흥분이 고조에 이르면 이 분비액과 정자가 섞인 정액이 전립샘 부분에서 요도를 통해 몸 밖으로 방출된다. 한 번의 사정으로 방출되는 정액은 몇 밀리리터 정도이지만, 정액 안에는 1~4억 개의 정자가 들어 있다. 하지만 실제로 수정에 이르는 것은 단 하나의 정자뿐이다. 그럼에도 정자가 많이 만들어지는 이유는 수정 확률이 높은 남성이 선택되기 때문이다. 아이가 태어나기 쉬운 유전자를 아이에게 물려 주고 종을 보존하려고 하는 본능인 것이다.

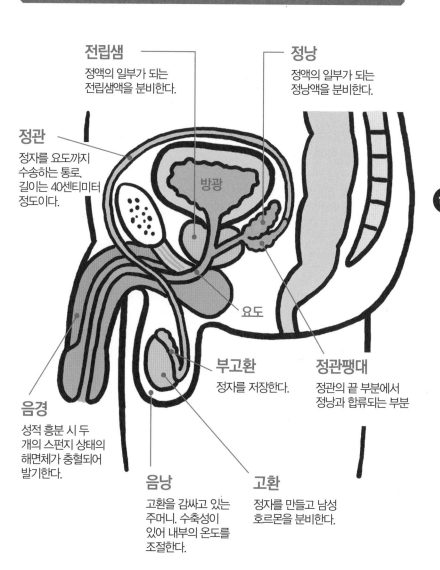

남성 생식기의 구조와 기능

전립샘
정액의 일부가 되는
전립샘액을 분비한다.

정낭
정액의 일부가 되는
정낭액을 분비한다.

정관
정자를 요도까지
수송하는 통로.
길이는 40센티미터
정도이다.

방광

요도

부고환
정자를 저장한다.

정관팽대
정관의 끝 부분에서
정낭과 합류되는 부분

음경
성적 흥분 시 두
개의 스펀지 상태의
해면체가 충혈되어
발기한다.

음낭
고환을 감싸고 있는
주머니. 수축성이
있어 내부의 온도를
조절한다.

고환
정자를 만들고 남성
호르몬을 분비한다.

정자는 왜 많이 만들어질까?

51 정자를 만드는 고환이 몸 밖에 있는 이유는?

> 체온은 너무 높아 열에 약한 정자가 자라지 못하기 때문이다

✛ 대부분의 포유류의 고환은 배 밖에 있다

사람을 포함한 포유류의 고환은 딱딱한 막으로 싸여진 달걀 모양을 하고 있기 때문에 '고환'이라고 부른다. 개나 고양이 등 수컷 포유류는 둥근 고환을 갖고 있으며 대부분의 경우 배 밖으로 나와 있다.

하지만 포유류 이외의 동물의 고환은 배 안에 들어 있다. 고환은 생명을 탄생시키는 중요한 역할을 갖고 있기 때문에 고환에 뭔가가 부딪히면 참을 수 없는 고통을 느낀다. 그 정도로 섬세한 기관이라면 배 안에 넣어 두는 편이 안전하다고 생각할지 모르지만, 왜 밖에 나와 있는 걸일까? 여기에는 분명한 이유가 있다. 고환 안의 정세관에서 정자가 자라기 적합한 온도는 체온(약 37도)보다 낮기 때문에 배 안에서는 온도가 너무 높아 정자가 형성되기 어렵다. 즉, 고환을 식힐 필요가 있기 때문에 몸 밖에 나와 있는 것이다.

✛ 음낭의 껍질이 수축하면서 온도를 조절

고환이 들어 있는 음낭의 주름 모양의 피부는 기온이 높을 때는 늘어나고 낮을 때는 줄어들어 표면적을 바꿈으로써 내부의 온도를 일정하게 유지하도록 체온을 조절한다. 또 음낭은 여러 겹의 막으로 구성되어 외부의 충격으로부터 고환을 보호하고 있다. 또 정자는 사정에 의해 몸 밖으로 방출되면 37도 온도에서는 24~48시간밖에 살지 못한다. 반면, 영하 100도로 동결시키면 몇 년이나 보존할 수 있다.

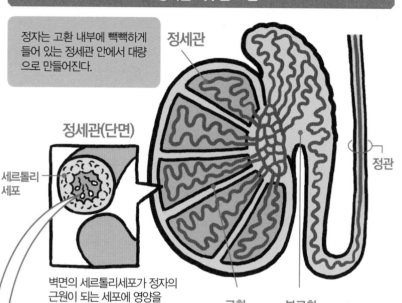

정자를 키우는 고환

정자는 고환 내부에 빽빽하게 들어 있는 정세관 안에서 대량으로 만들어진다.

정세관

정세관(단면)

세르톨리세포

정관

117

벽면의 세르톨리세포가 정자의 근원이 되는 세포에 영양을 공급한다. 성장한 정자는 관 중앙을 지나 부고환으로 이동한다.

고환　　**부고환**

정자의 구조

머리 부분

내부는 핵, 표면은 첨단체. 핵에는 유전 정보, 첨단체에는 난자에 침투할 때 외벽을 부수는 효소가 들어 있다.

중간 부분

에너지를 만드는 미토콘드리아가 감겨 있다. 이를 이용해 정자가 움직일 수 있다.

꼬리 부분

채찍과 같이 움직이는 편모. 이를 이용해 정자가 헤엄치듯이 전진할 수 있다.

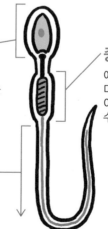

52 난자는 어떻게 만들어질까?

난소 안에서 원시난포를 키워 만든다

+ 난자는 육안으로도 볼 수 있는 인체에서 가장 큰 세포

여성의 생식기는 난소 외에 자궁관, 자궁, 질로 이루어져 있으며 가장 큰 역할은 '난자'를 만들고 정자를 받아들여 수정란을 키우는 것이다.

난자는 육안으로도 볼 수 있는 인체에서 가장 큰 세포로 크기는 세로 약 0.07~0.17밀리미터 정도이다. 난자는 자궁 양쪽에 하나씩 있는 매실 정도 크기의 기관인 '난소'에서 만들어진다.

+ 난자의 근원은 태어날 때부터 난소에 있다

남성이 평생 만드는 정자의 수는 셀 수 없지만 여성이 만드는 난자의 수는 평생에 겨우 400개 정도이다. 또 정자는 매일 만들어지는 데 반해, 난자는 태어났을 때부터 갖고 있는 것을 보존하여 사용하고 있다. 그 구조를 살펴보자.

난자는 어머니 뱃속에 있는 태아기의 이른 시기까지 어느 정도 세포 분열을 끝내고 휴면에 들어가 난포라는 주머니 안에서 지낸다. 이를 '원시난포'라고 한다. 신생아의 난소에는 약 80만 개의 원시난포가 잠자고 있지만, 그 대부분은 자연히 소멸하여 사춘기에는 약 1만 개 정도가 남는다. 사춘기를 맞이해 생식 능력을 갖게 되면 매월 15~20개의 원시난포가 성숙을 시작하고 그중 하나의 난포만이 크게 성장하여 난자가 되어 배란된다.

난자는 좌우 한 쪽의 난소에서 매월 하나씩 배출되어 태어날 때부터 갖고 있던 원시난포가 모두 없어지면 폐경을 맞이하게 된다.

난자를 만드는 여성 생식기의 구조

여성 생식기의 구조

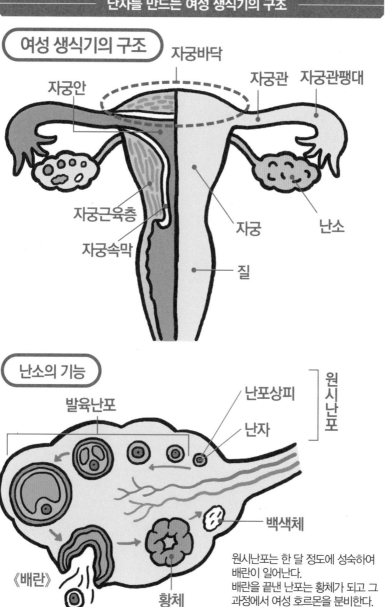

자궁바닥

자궁안

자궁관   자궁관팽대

자궁근육층

자궁속막

자궁

난소

질

난자는 어떻게 만들어질까?

난소의 기능

발육난포

난포상피

난자

원시난포

백색체

《배란》

황체

원시난포는 한 달 정도에 성숙하여
배란이 일어난다.
배란을 끝낸 난포는 황체가 되고 그
과정에서 여성 호르몬을 분비한다.
황체는 백색체로 바뀌어 퇴화된다.

53 자궁의 크기는 어느 정도일까?

> 달걀 정도의 크기지만 2,000배 이상 늘어난다

+ 강력한 근육섬유로 단련되어 찢어지지 않는 주머니

자궁은 방광과 직장 사이에 있는, 서양 배와 같은 주머니 모양을 한 기관이다. 임신하지 않았을 때는 길이가 약 7센티미터로 큰 달걀 정도의 크기이지만, 임신을 하면 자궁은 태아를 키우는 기관이 되어 태아의 성장과 함께 커져 간다. 임신 4개월 후에는 배안으로 올라와 자궁바닥이 복막과 닿게 된다. 임신 말기가 되면 길이가 약 36센티미터, 무게가 약 1킬로그램 정도가 되고 자궁안의 용적도 원래 부피보다 2,000~2,500배로 확장된다.

자궁은 몸에서 가장 수축성이 좋은 기관으로 커져도 찢어지지 않도록 근육섬유가 자궁의 세로축을 고리 모양으로 둘러싸고 있으며 여기에 비스듬히 교차하는 섬유로 보강하고 있다.

+ 자궁관팽대에서 난자와 정자가 만난다

자궁 아래 끝은 질과 연결되어 있다. 성교의 의해 방출된 정자는 질에서 자궁으로 들어가 '자궁관팽대(앞 페이지 참조)' 부분에서 수정이 일어난다. 질에서 자궁관팽대까지는 거리가 약 20센티미터 정도이다. 질내에 방출된 길이 0.06밀리미터의 정자는 이 거리를 약 30분에 걸쳐 이동한다. 자궁관팽대로 들어온 정자와 난소에서 배출되어 자궁관에 들어가 자궁을 향하던 난자가 만나면 수정이 이루어진다. 수정란은 수정 직후부터 분열을 반복하면서 자궁관을 거쳐 자궁속막에 들어가 고정된다. 이것이 바로 '착상'이다. 이렇게 임신이 성립되면 수정란에서 융모가 뻗어 나와 자궁에 태반이 형성되고 약 9개월 후에 새로운 생명의 탄생을 맞이하는 것이다.

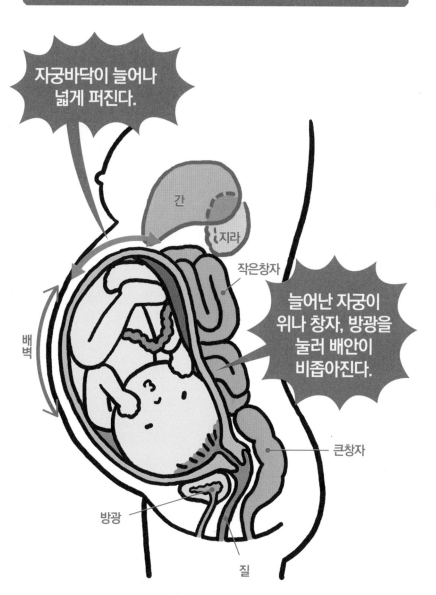

태아의 성장과 함께 커져가는 자궁

54 어른이 되어도 가슴이 커질까?

유방은 기본적으로 이차성징 시에만 성장한다

✛ 중요한 기관인 젖샘을 보호하기 위해 지방이 붙는다

여성에게 있어서 사춘기의 이차성징은 주로 아기를 낳고 키울 수 있도록 몸의 기능을 완성시키기 위한 것이다. 그중 하나로 여자의 가슴은 사춘기를 맞이하면 큰가슴근 위에 지방 조직이 발달하고 그 안에 '젖샘'이 형성되어 유방이 된다.

유방의 90%는 지방조직으로 되어 있으며 나머지가 젖샘이다. 젖샘은 모유를 만드는 유방의 중요 기관이다. 이차성징이 시작되어 젖샘이 발달하면 모유가 나오는 길인 젖샘관도 발달한다. 유방에 지방이 붙어 부풀어 오르는 이유는 발달을 시작한 중요한 기관인 젖샘을 보호하기 위해서이다.

✛ 얼마나 커질지는 개인차가 있다

여성의 유방이 얼마나 커질지에 대해서는 유전이나 여성 호르몬, 영양 상태 등이 관계하는 개인차가 있다. 유방이 부풀어 오르는 이차성징의 시기도 9살부터 14살 정도로, 여기에도 개인차가 있다. 유방의 성장기는 3~4년 정도에 끝난다. 그 후 유방이 커지는 일은 임신 시 외에는 없으며 젖샘이 발달하는 연령이나 임신 시도 아닌데, 유방에만 지방을 붙여 크게 만드는 것은 매우 어렵다. 연애 등으로 여성 호르몬의 분비가 활성화되면 유방이 커진다는 속설도 있지만, 실제는 다르다. 여성 호르몬의 분비가 늘어도 유방이 커질 정도로 효과는 없다.

모유를 내기 위한 유방의 구조

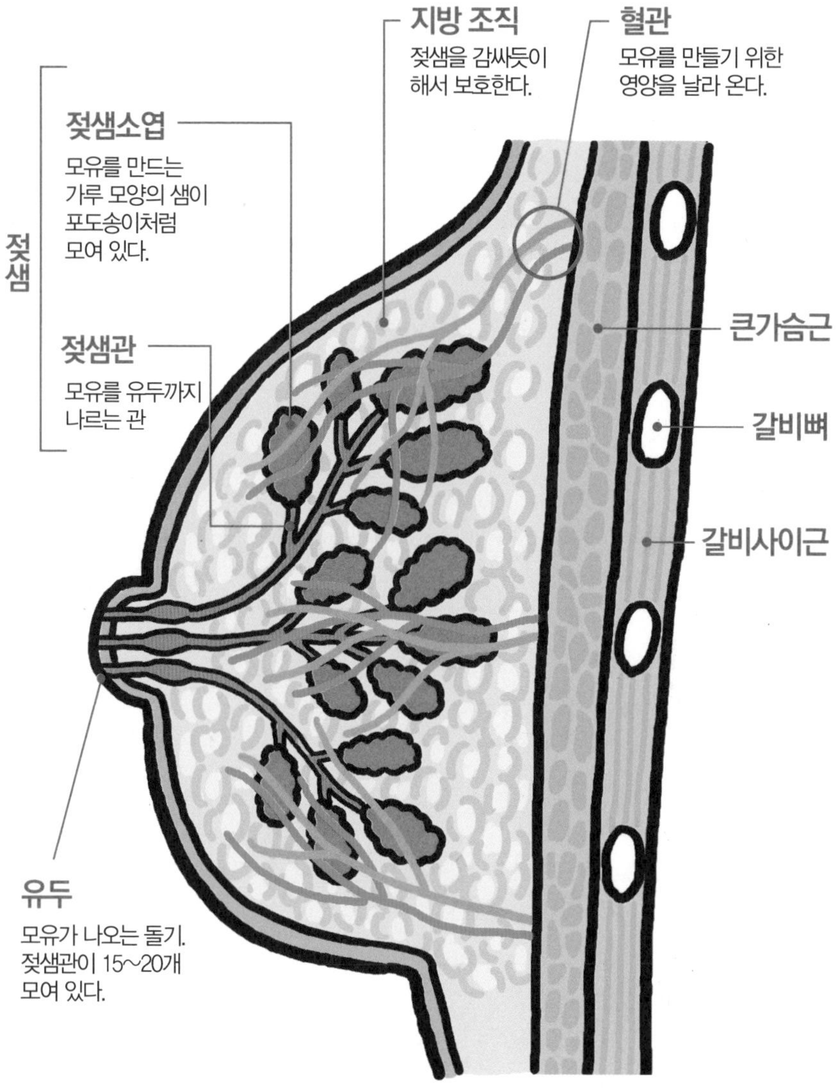

지방 조직
젖샘을 감싸듯이
해서 보호한다.

혈관
모유를 만들기 위한
영양을 날라 온다.

젖샘소엽
모유를 만드는
가루 모양의 샘이
포도송이처럼
모여 있다.

젖샘

젖샘관
모유를 유두까지
나르는 관

큰가슴근

갈비뼈

갈비사이근

유두
모유가 나오는 돌기.
젖샘관이 15~20개
모여 있다.

어른이 되어도 가슴이 커질까?

55 모유가 나오는 원리는?

뇌에서 호르몬이 분비되어 젖샘을 자극한다

+ 만지면 딱딱한 젖샘이 모유의 공장

여성의 유방은 아기에게 젖을 수유하기 위한 중요한 기관이다. 유방을 만졌을 때 딱딱한 것이 젖샘으로, 하나의 유방에 15~50개 정도의 젖샘이 있고 모유는 이곳에서 만들어진다. 임신을 하면 뇌에서 명령이 나와 '프로락틴', '에스트로겐', '프로게스테론'이라는 3개의 호르몬이 왕성하게 분비된다. 이중 프로락틴은 젖샘이 모유를 만들도록 촉진하는데, 에스트로겐과 태반에서 분비되는 프로게스테론에는 모유가 나오는 것을 억제하는 작용이 있어서 이 단계에서는 유방은 커져도 아직 모유는 나오지 않는다. 그리고 출산을 하여 태반이 배출되면 억제하고 있던 프로게스테론이 사라져 모유를 밖으로 나오게 하기 위한 호르몬인 '옥시토신'이 왕성하게 분비되도록 한다. 이와 동시에 뇌에서 모유를 만드는 프로락틴이 분비되어 젖샘을 자극하여 처음으로 모유가 나오게 된다.

+ 유방의 크기와 모유의 양은 상관관계가 없다

모유가 잘 나오도록 하기 위해서는 아기의 힘도 필요하다. 아기가 젖꼭지를 빠는 자극에 의해 프로락틴과 옥시토신의 분비가 늘고 모유가 나오게 된다. 아기가 모유를 졸업하면 젖꼭지를 빠는 자극이 없어지므로 자연히 모유도 나오지 않게 된다. 유방이 크면 모유가 잘 나올 것 같지만, 수유에 필요한 젖샘은 유방의 10%로, 나머지 90%는 지방이다. 모유를 내는 것은 젖샘이므로 유방이 크면 지방의 비율이 높을 뿐, 모유의 양과는 관계 없다.

모유가 만들어져 나오는 원리

모유가 만들어진다.

아기가 젖꼭지를 빤다. ➡ 빠는 자극으로 뇌에서 프로락틴이 왕성히 분비된다. ➡ 프로락틴이 젖샘을 자극하여 모유가 만들어진다.

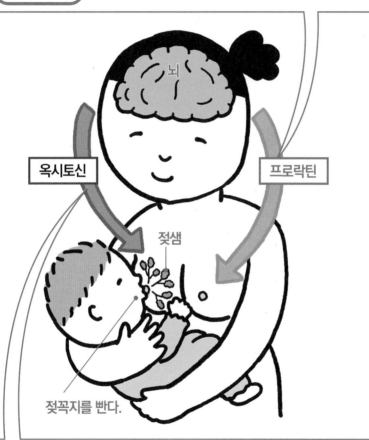

뇌

옥시토신

프로락틴

젖샘

젖꼭지를 빤다.

모유가 나온다.

아기가 젖꼭지를 빤다. ➡ 빠는 자극으로 뇌에서 옥시토신이 분비된다. ➡ 옥시토신이 젖샘을 자극하여 유두에서 모유가 나온다.

일본인은 서양인 의사의 해부 지도를 받아
근대과학적인 의술을 획득했다

일본 근대의학의 기점이라고 여겨지는 것은 스기타 겐파쿠가 번역 간행한 해부학서인 『해체신서』(1774년)이다. 이후 다수의 서양의학서가 일본어로 번역되었지만, 쇄국 정책하의 에도시대에 일본인에게 직접 서양의학을 가르친 것은 독일인 의사인 지볼트가 처음이었다.

막부 말기가 되어 쇄국 정책이 풀리자, 서양의 선진 의학을 받아들이기 위해 나가사키에 해군 전습소가 개설되었고 네덜란드의 의사인 요하네스 폼페(1829~1908)가 강의하게 되었다. 폼페가 시행한 최초의 인체해부가 나가사키에서 이루어진 것은 1859년의 일이다. 실습에는 46명의 의사가 입회하였고 처음으로 보게 된 인체의 구조에 놀랐으며 그 내용에 만족했다고 한다. 폼페 밑에서 배운 의사 중에는 준텐도의원의 창립자 외에도 후에 도쿄대학 의학부장, 일본적십자병원의 초대원장 등이 있었고 그들은 메이지 시대 의학계의 리더가 되었다.

동서고금을 막론하고 인체 해부에는 옛날부터 사형수의 시체가 사용되었고 에도시대의 일본에서도 해부는 형벌의 일환이었다. 본래 사형수는 들에 버려질 몸이었지만, 폼페 문하생은 정중히 애도할 것을 약속했기 때문에 사형수도 원망의 말없이 형에 복종했다고 한다. 이렇게 죄과로 여겨졌던 인체 해부는 의학의 발전에 공헌했다는 의미로 방향을 전환하게 되었다. 이러한 조류를 거쳐 메이지 정부는 서양의학을 본격적으로 도입하기 위해 도쿄의학교(후일 도쿄대학 의학부)를 정비한 것이다.

『해체신서』에 그려진 인체의 머리뼈

인체의 수수께끼를 추구한 결과 유전학 연구라는 새로운 단계로

사람의 부모로부터는 사람의 아이, 고양이 부모로부터는 고양이의 아이가 태어난다. 이것은 부모로부터 물려받은 유전자로, 사람은 사람으로 전신을 결정하는 설계도가 들어 있기 때문이다. 그뿐만 아니라 유전자에는 똑같은 사람이라도 조금씩 다르며 그 개체만의 개성적인 특징도 쓰여 있다.

해부학이 추구해 온 인체의 신비를 푸는 열쇠는 이 '유전자'에 집약되어 있다. 유전자(유전인자)는 1865년에 오스트리아의 그레고어 멘델(1822~1884)이 발표한 완두콩 교배실험의 성과에 의해 유전의 메커니즘이 시사된 이후 그 존재가 예상되었다.

20세기 초엽이 되자, 서턴, 보리베와 같은 유전학자들은 유전자와 염색체와의 관계에 대해 구체적인 고찰을 하기 시작했다.

1953년 미국의 제임스 왓슨(1928~)과 영국의 프랜시스 크릭(1916~2004)은 유전 정보가 가득 찬 본체가 이중 나선이라 부르는 구조를 가진 길고 가는 분자(DNA)라는 것을 밝혔다. 그리고 네 가지 종류의 염기 조합과 배열에 의해 생물의 다양한 특징이 출현된다는 것도 밝혔다. 이 발견은 지금까지의 정신적 철학적 개념으로 여겨졌던 '자기'나 '아이덴티티'가 유전자에 의해 지배되는 것이라는 것을 명백하게 했다.

베살리우스에 의한 과학적 관찰로부터 시작된 근대 해부학은 20세기에 들어 전자현미경(1931년 발명, 종래의 현미경보다 훨씬 높은 배율로 관찰 가능)을 구사할 수 있게 되어 유전자 연구라는 길을 개척한 것이다.

해부학은 개인의 건강이나 수명, 행복에 더욱 강한 영향을 주는 학문으로 계속 발전하고 있다.

잠 못들 정도로 재미있는 이야기
해부학

2023. 1. 25. 초 판 1쇄 인쇄
2023. 2. 8. 초 판 1쇄 발행

감 수 │ 사카이 다쓰오(坂井建雄)
감 역 │ 윤관현
옮긴이 │ 이영란
펴낸이 │ 이종춘
펴낸곳 │ [BM] (주)도서출판 성안당
주소 │ 04032 서울시 마포구 양화로 127 첨단빌딩 3층(출판기획 R&D 센터)
     10881 경기도 파주시 문발로 112 파주 출판 문화도시(제작 및 물류)
전화 │ 02) 3142-0036
     031) 950-6300
팩스 │ 031) 955-0510
등록 │ 1973. 2. 1. 제406-2005-000046호
출판사 홈페이지 │ www.cyber.co.kr
ISBN │ 978-89-315-5830-2 (04080)
        978-89-315-8889-7 (세트)
정가 │ 9,800원

이 책을 만든 사람들

책임 │ 최옥현
진행 │ 조혜란
교정·교열 │ 안종군, 김지민
본문 디자인 │ 이대범
표지 디자인 │ 박원석
홍보 │ 김계향, 박지연, 유미나, 이준영, 정단비
국제부 │ 이선민, 조혜란
마케팅 │ 구본철, 차정욱, 오영일, 나진호, 강호묵
마케팅 지원 │ 장상범
제작 │ 김유석

www.cyber.co.kr
성안당 Web 사이트

"NEMURENAKUNARUHODO OMOSHIROI ZUKAI KAIBOGAKU NO HANASHI"
supervised by Tatsuo Sakai
Copyright © Tatsuo Sakai 2021

All rights reserved.
First published in Japan by NIHONBUNGEISHA Co., Ltd., Tokyo
This Korean edition is published by arrangement with NIHONBUNGEISHA Co., Ltd., Tokyo
in care of Tuttle-Mori Agency, Inc., Tokyo through Duran Kim Agency, Seoul.

Korean translation copyright © 2023 by Sung An Dang, Inc.